城市公交
安全和应急手册

交通运输部运输服务司 审定
交通运输部公路科学研究院 编写

人民交通出版社股份有限公司
北京

内 容 提 要

本书综合国内外公交安全驾驶和应急情况处置的经验,并辅以形象生动的案例、图片、视频和动画,为公交车驾驶员、乘务员和乘客提供一些易于掌握、便于操作、行之有效的安全常识和应急处置方法。

本书可供公交车驾驶员和乘务员学习使用,也可供其他驾驶员和社会各界朋友学习参考。

图书在版编目(CIP)数据

城市公交安全和应急手册 / 交通运输部公路科学研究院编写. — 3 版. — 北京:人民交通出版社股份有限公司, 2021.10
ISBN 978-7-114-17625-8

Ⅰ.①城… Ⅱ.①交… Ⅲ.①城市运输—公共运输—交通运输管理—安全管理 Ⅳ.① U492.8

中国版本图书馆 CIP 数据核字(2021)第 190419 号

Chengshi Gongjiao Anquan he Yingji Shouce

书　　名:	城市公交安全和应急手册(第3版)
著　作　者:	交通运输部公路科学研究院
责任编辑:	杨丽改
责任校对:	孙国靖　龙　雪
责任印制:	刘高彤
出版发行:	人民交通出版社股份有限公司
地　　址:	(100011)北京市朝阳区安定门外馆斜街3号
网　　址:	http://www.ccpcl.com.cn
销售电话:	(010)59757973
总 经 销:	人民交通出版社股份有限公司发行部
经　　销:	各地新华书店
印　　刷:	北京印匠彩色印刷有限公司
开　　本:	880×1230　1/32
印　　张:	3.75
字　　数:	90千
版　　次:	2011年5月　第1版 2014年9月　第2版 2021年10月　第3版
印　　次:	2022年6月　第3版　第2次印刷　累计第14次印刷
书　　号:	ISBN 978-7-114-17625-8
定　　价:	20.00元

(有印刷、装订质量问题的图书由本公司负责调换)

编审组
BIANSHENZU

编 写 组

组 长：李 斌　韩 敏

成 员：曾 诚　王雪然　蔡凤田　吴初娜　夏鸿文
　　　　赵 侃　孟兴凯　何 亮　夏海英　刘梦雅
　　　　刘应吉　杨丽改　刘 畅　罗文慧

审 定 组
（按姓氏笔画排名）

王 昊　李玉涛　李学松　杨 斌　吴 可
陶雪军　曾 浩

前言
QIANYAN

　　城市公共交通是满足人民群众基本出行需求的社会公益性事业，是政府应当提供的基本公共服务和重大民生工程。

　　党的十九大作出了建设交通强国的重大决策部署。《交通强国建设纲要》提出了构建安全、便捷、高效、绿色、经济的现代化综合交通体系。安全是城市公交行业发展的生命线。公交车覆盖面广、载客量大、运行频繁、行车环境复杂，广大驾驶员、乘务员（安全员）是保障城市公交车辆安全运行的第一道防线，其安全驾驶水平和应急处置能力十分重要。

　　《城市公交安全和应急手册（第3版）》针对公交车驾驶员、乘务员（安全员）和乘客，综合国内外安全驾驶和应急情况处置经验，从安全行车、规范使用安全设施、正确处置紧急事件、科学实施伤员救护四方面为城市公交驾驶员、乘务员（安全员）和广大乘客提供一些易于掌握、便于操作、行之有效的安全常识和处置方法，希望读者能够从中受益。

本书编写组
2021年8月

目录 MULU

第一篇　驾驶员、乘务员工作规范

第一章　安全行车 …………………………… 3
1. 发车早准备，隐患早排除 ………………… 3
2. 规范进出站，有序上下车 ………………… 8
3. 驾驶需谨慎，行车多礼让 ………………… 15
4. 特殊环境行车，科学规范应对 …………… 18

第二章　规范使用安全设施 ………………… 30
1. 逃生通道，安全脱险 ……………………… 30
2. 灭火器材，熟练使用 ……………………… 33

第三章　正确处置紧急事件 ………………… 35
1. 突发事件，危害巨大 ……………………… 35
2. 自然灾害，主动避险 ……………………… 42
3. 交通事故，视情处置 ……………………… 44
4. 乘客受伤，查探伤情 ……………………… 46
5. 乘客发病，紧急救治 ……………………… 47
6. 驾驶员发病，立即停车 …………………… 50
7. 车辆着火，迅速疏散 ……………………… 51
8. 车辆爆胎，控制方向 ……………………… 53
9. 制动失灵，严防失控 ……………………… 54
10. 重大疫情，加强防控 …………………… 56
11. 路遇抢劫，巧妙应对 …………………… 57
12. 谨防偷窃，提高警惕 …………………… 60

13. 爆炸事件，及时处置 …………………… 62
　　14. 侵扰驾驶员，妥善处置 ………………… 63
　第四章　科学实施伤员救护 ……………………… 66
　　1. 救护谨遵"四原则" ……………………… 66
　　2. 伤员失血速包扎 ………………………… 67
　　3. 骨折固定有技巧 ………………………… 74
　　4. 烧伤救护要科学 ………………………… 77
　　5. 伤员搬运要小心 ………………………… 77
　　6. 心肺复苏能救命 ………………………… 80
　　7. 危重伤员早抢救 ………………………… 82
　　8. 应急设备灵活用 ………………………… 83

第二篇　乘客乘车指引

　第五章　安全乘车 ………………………………… 89
　　1. 排队候车，先下后上 …………………… 89
　　2. 携带行李，遵规守矩 …………………… 92
　　3. 扶稳站好，文明乘坐 …………………… 94
　　4. 特殊乘客，特别关注 …………………… 98
　第六章　冷静应对突发事件 ……………………… 102
　　1. 自然灾害，合理避险 …………………… 102
　　2. 交通事故，正确防护 …………………… 103
　　3. 车辆着火，科学逃生 …………………… 104
　　4. 车辆故障，主动防护 …………………… 105
　　5. 驾乘发病，积极配合 …………………… 105
　　6. 侵扰驾驶，及时制止 …………………… 106
　　7. 治安事件，巧妙应对 …………………… 106
　　8. 重大疫情，减少出行 …………………… 109

01

第一篇
驾驶员、乘务员工作规范

第一章 安全行车

城市公交具有容量大、覆盖广、方便快捷、票价低等特点,是人们日常出行的重要交通方式。城市公交运载人次多、运营时间长,且主要在人口密集的城区运行,道路环境复杂,一旦发生安全事件,会给人们的生命和财产安全带来巨大威胁,造成道路拥堵,产生恶劣的社会影响。驾驶员和乘务员需要从各个环节入手,规范运营,预防危险,保障行车安全。

1.发车早准备,隐患早排除

驾驶员要随车携带有效驾驶证、上岗证以及随车工具、有效票据等,保持情绪平稳。驾驶员有以下情形时,应及时上报车队,调整发车任务。

(1)身体感觉不适或酒精检测异常。

(2)因病服用药物后,产生困倦、嗜睡、视力模糊等症状。

(3)因家庭矛盾等产生明显暴躁、抑郁、焦虑等不稳定情绪或心理健康问题。

常见疾病、药物对安全驾驶的影响

驾驶员患有重感冒、发烧或鼻塞时,会出现头晕、嗜睡、打喷嚏等现象;患有动脉硬化、高血压、高血糖、高血脂等疾病或服用催眠药、止痛药、抗高血压药等对神经系统有影响的药物时，会出现头痛、头晕、乏力、烦躁等现象，进而会导致驾驶员注意力分散、判断力下降、反应迟钝，容易发生交通事故，见表1-1。

常见药物的功能与副作用　　　表1-1

药　物	功　能	副作用
抗菌消炎药	抗感染	头晕、眼花、乏力、恶心
兴奋药	兴奋、抗疲劳	冲动、出现幻觉
镇静药	安眠	嗜睡、疲乏、眩晕、说话含糊
抗过敏药	抗过敏	头晕、嗜睡
降压药	抗高血压	疲劳、嗜睡、头晕、眼花
阿托品类药	治疗肠病	视力模糊
降糖药	治疗糖尿病	疲劳、多功能失调
麻醉止痛药	止咳、镇痛、镇静	嗜睡

每天出站前，驾驶员、乘务员都要认真检查车辆及车上的设施设备技术状况，发现异常情况应及时排除或报修，保持车辆与设施设备技术状况良好、车容整洁。

做好车辆检查与清洁工作。

起动发动机前，主要检查项目及要求：

（1）散热器、油底壳、驱动桥壳无渗漏。

（2）车内外后视镜、广角镜和补盲镜完好、镜面洁净，并分别调整至合适位置。

（3）轮胎气压正常、轮胎花纹深度不低于深度标记，胎冠无严重磨损，胎侧无割裂伤，轮胎间无异物；车轮螺栓、螺母齐全完好、无松动。

（4）冷却液、制动液、风窗玻璃洗涤液的液面高度在储液罐Max、Min刻度线之间；机油的油面高度在机油尺的Max、Min刻度线之间，油质无乳化等异常现象。

（5）发动机传动带松紧度适当，无起皮、无开裂、无脱线、无破损和老化现象；蓄电池无漏液，极桩电缆连接牢靠，无腐蚀。

（6）转向盘无松旷、窜动，最大自由转动量正常（左右不超过15°）；制动踏板、离合器踏板下无异物，自由行程正常；变速器操纵杆无松旷，各挡操作有效；驻车制动器操纵杆拉紧、放松有

效；缓速器操纵装置有效。

（7）刮水器完好，洗涤液能正常喷出，刮水器刮片能回到起始位置。

（8）前照灯、制动灯、转向灯、倒车灯、危险报警闪光灯等完好，工作正常。

（9）各安全门、舱门、车窗以及发动机舱盖能正常开启和关闭；车厢内安全锤齐全，乘客座椅完好、无松动，栏杆、扶手完好、牢固；设有轮椅区的公交车，轮椅区的扶手和安全带等安全装置齐全、有效。

安全设施要完整有效！

（10）铰接式公交车，刚性段地板与转动部位地板之间的缝隙宽度、水平高度差正常。

（11）灭火器在有效期内，压力指针处于绿色区域，铅封完好，喷管无老化，放置在指定位置；车辆随车工具、危险警告标志和三角垫木等齐全。

（12）车门踏板、乘客区、铰接车的铰接段等区域的车内照明设备完好，工作正常。

（13）监控摄像头、语音报站器、刷卡机、电子显示屏等电器设备完好，工作正常。

（14）驾驶室内安全带齐全有效。

起动发动机后，主要检查项目及要求：

第一章 安全行车

（1）察听发动机怠速运转平稳、无异响；观察仪表指示灯、报警灯正常，无报警信号。

（2）散热器、驱动桥壳、油底壳等无渗漏。

（3）尾气排气正常。

（4）起动发动机一段时间后，冷却液温度逐渐上升，制动气压表在规定时间内达到正常范围。

车辆检查项目

制动冷却洗涤液	机油燃油燃气管
灯光信号后视镜	轮胎气压车外观
仪表踏板安全带	转向变速刮水器
车门车窗安全锤	栏杆扶手乘客椅
照明监控显示屏	语音报站刷卡机
备胎工具灭火器	警告标志三角垫

纯电动公交车除了进行上述常规车辆日常检查，还需进行以下电动系统专用装置日常检查：

（1）仪表、信号指示装置功能正常，无异常报警。

（2）驱动电机清洁，润滑油无渗漏，运行平稳，无异响。

（3）冷却系统无异响、无渗漏，风冷过滤网洁净无破损，冷却液液面高度在Min、Max刻度线之间。

（4）充电插孔清洁、干燥、无异物，防护盖锁闭完好。

（5）动力蓄电池舱、电器舱无异味，锁闭完好。

（6）蓄电池剩余电量高于规定值。

液化石油气（LPG）、压缩天然气（CNG）、液化天然气（LNG）等燃料公交车除了进行上述常规车辆日常检查，还需进行以下日常检查：

（1）储气瓶与支架、供气管路与支架固定牢固。

（2）各阀门清洁、牢固、无泄漏。

（3）各管路和接头无泄漏，管路无弯折且与车辆其他部分无碰触。

（4）燃气压力表等仪表指示正常。

（5）储气瓶燃料剩余量高于规定值。

（6）燃气汽车专用标志完好。

2. 规范进出站，有序上下车

❶ 车辆进站

（1）在没有设置公交专用车道的站点停靠，要提前变更至最右侧车道行驶。在设有公交专用车道的站点停靠，公交车要在专用车道内行驶。

（2）驶入站台前，驾驶员要提前减速，开启右转向灯，注意观察站台内候车乘客的动态，预防站台内候车乘客因急于上车而出现推搡、摔倒等突发情况，并通过后视镜观察右侧及后侧的交通情况，确认安全后，平稳地靠右行驶缓缓进站。

（3）公交车进站时，乘务员要提醒乘客抓稳扶好，不要走动，车停稳后再有序下车。下车需要刷卡的，要告知乘客提前准备好票证，在下车时刷卡或向乘务员出示。同时注意观察进站时是否对其他车辆和行人构成危险，应重点观察候车人的情况，随时提醒驾驶员注意各类危险情况；可借助手势或指挥旗提醒其他车辆和行人公交车即将进站；告知站内乘客依次排队等待，不要着急和拥挤。

（4）遇多辆公交车同时进站或站内已经有车辆停靠时，要依次排队进站，并与前车保持足够的安全距离。

（5）铰接式公交车要尽量提前向右侧变更车道，避免妨碍其他车辆正常行驶；双层公交车进站时，要注意路侧树木、电线等低空障碍物，避免发生剐蹭。

（6）站台内有引导员指挥时，要按引导员的手势或指挥旗低速驶入和停靠。

（7）尽可能对准路侧设置的停车标识停车或使乘客门对准上下车位置，车身尽量与站台边缘平行，与路缘石距离不超过80~100厘米。车辆停稳后，驾驶员要拉紧驻车制动器操纵杆，防止车辆发生溜滑。

（8）要在规定站点停靠，不得在站点外的路段甚至道路中间停车上下乘客，不强行进站或"截头"停车。

常见进站驾驶陋习

（1）野蛮驾驶，强行进站，截头斜插，抢夺客源。

（2）与其他正常进站的公交车抢占站位。

（3）进站不开启转向灯。

（4）停车不平稳、制动过急。

（5）不在站内指定地点停车，无故甩站或在道路中间停车上下客。

（6）停车位置与前车距离过近或与站台距离过远。

❷ 上下乘客

（1）公交车停稳后，驾驶员方可开启车门，驾驶员或乘务员提醒乘客"先下后上"，按顺序上下车，并提醒下车乘客注意观察车下的交通情况。

（2）驾驶员或乘务员要提醒乘客严禁携带易燃易爆危险品和违禁品上车，要注意观察上车乘客随身携带的行李，对可疑行李要及时进行询问和检查，对拒不接受检查的乘客可拒绝其乘车。对拒不配合的乘客及时拨打110报警。乘坐公交车禁止携带的物品见表1-2。

禁止携带的易燃、易爆危险品和违禁物品　　表1-2

危险品类别	代表性物质	危害性
易燃易爆品	氢气、一氧化碳、天然气、液化石油气、氧气、水煤气、汽油、煤油、柴油、乙醇、炸药、爆炸装置、雷管、烟花爆竹、指甲油、嗜喱水、摩丝、发胶、染发剂、喷雾剂、杀虫剂、红磷、闪光粉、固体酒精、金属钾、钠、锂	受热、撞击、遇湿等外界作用，能发生剧烈的化学反应，瞬时发生爆炸或燃烧
剧毒品	农药、二甲苯、氰化物、汞（水银）、硒粉、苯酚、生漆	吸入或皮肤接触后损害健康，可能造成严重受伤甚至死亡
腐蚀品	硫酸、硝酸、盐酸、氢氧化钠、氢氧化钾	接触时皮肤会严重受伤
放射性物质	夜光粉、发光剂、放射性同位素	接触后，轻者会造成细胞损伤、头晕、疲乏、脱发等；重者会引发白血病、癌变甚至死亡，或导致基因突变和染色体畸变
刀具、枪械	自制枪、制式枪、仿真枪、子弹、管制刀具、匕首、弹簧刀	不法分子利用刀具枪械、制造抢劫、人身伤害事件

> **小贴士**
>
> **易燃挥发物监测报警装置**
>
> 　　易燃挥发物监测报警装置可以自动识别附近的汽油、松节油、酒精、环乙烷、四氢呋喃、石油醚、正乙烷、乙酸乙酯等易燃挥发物。该装置一般装在车门附近，当乘客上车时可以实现自动检测，当监测到车厢内出现易燃挥发气体超过报警阈值时，会在3秒内发出声光报警，提醒驾驶员、乘客注意。

　　（3）乘客上车时，驾驶员或乘务员要引导乘客尽量向车厢内移动，缓解车内通道、车门附近拥挤状况；双层公交车，还要提醒乘客上下楼梯时注意安全。

　　（4）乘客上车后，驾驶员或乘务员要提醒有座位的乘客坐好、握稳扶手，站立的乘客站稳扶好；提醒其他乘客给"老、弱、病、残、孕"乘客让座，不得拒绝享受免费乘车待遇或者持优待票乘车的乘客上车。

　　（5）驾驶员或乘务员要提醒乘客妥善放置随身携带的行李，禁止在车门、车窗、通道等位置堆放行李，保持车内通道畅通。

（6）驾驶员或乘务员要提醒在前侧车门附近站立的乘客，不要挡住驾驶员观察右后视镜的视线。

（7）若车辆刚起步，遇有奔跑赶车的乘客时，在不影响其他车辆安全运行的情况下，可停车耐心等待乘客上车。

❸ 车辆出站

（1）有乘务员的公交车，乘务员负责观察乘客上下车情况，确认无乘客上下车后，提示驾驶员关闭车门。无乘务员的公交车，驾驶员通过监视系统或后视镜观察右侧车门乘客上下车情况。驾驶员应注意乘务员的关门提示，同时确认无乘客继续上下车后，再关闭车门，然后起步。

（2）驾驶员开启左转向灯，通过补盲镜、后视镜并向左前方侧头观察前下侧盲区、左右两侧的交通情况，注意准备进站的车辆和行人，确认安全后，平稳起步，驶离站台。

（3）前方如有车辆未出站，要注意观察前车的转向灯和制动灯，当前车开启左转向灯且制动灯熄灭时，开启左转向灯，确认安全后，尾随前车缓慢起步离站，不得强行超车出站。

（4）公交车离站向左变更车道时，转向角度不要过大或者车身侵占两条以上车道，禁止连续变更多条车道。

常见出站驾驶陋习

（1）起步时，不开启左转向灯。

（2）操作配合不当，起步不平稳。

（3）起步后，迅速向左大角度驶出，甚至侵占两条以上行车道。

（4）出站时，连续变更多条车道，或者强行向左侧贴靠，影响其他车辆正常行驶。

（5）在站内随意倒车。

（6）不依次出站、强行出站。

3.驾驶需谨慎，行车多礼让

（1）行车途中，驾驶员要严格遵守道路交通安全法律法规和交通信号，按照规定的线路、站点、时间运营，禁止甩客、敲诈乘客或站点外上下客。

（2）驾驶车辆时，驾驶员要集中精力，行车中不闲谈、不使用手机、不吃东西、不吸烟、双手不同时离开转向盘、不做与驾驶无关的动作、不开斗气车，及时化解乘客的不良情绪。

化解乘客的不良情绪

遇乘客抱怨、生气、无理取闹，甚至无端指责时，驾驶员要从保护自身和乘客人身安全的角度出发，保持心态平和，不与乘客发生冲突。必要时安全停车，耐心解释，化解乘客的不良情绪。

（3）选择右侧车道或公交专用车道行驶，保持安全速度（城市道路一般车速要控制在40公里/时以内）和安全行车距离，注意"鬼探头"等危险情况，尽量避免急转方向或紧急制动。无轨电车通过分线器、并线器、交叉器时，应减速行驶。

（4）遇前方车辆行驶缓慢时，及时平稳减速或安全超越，不要鸣喇叭催促。

（5）通过学校、交叉路口、人行横道等路段时，要注意安全，文明礼让行驶。

（6）在车辆转弯、遇交通拥堵或路况较差时，要提醒乘客扶稳、坐（站）好，不要在车内随意走动。双层公交车还应提醒乘客不要随意上下楼梯。

（7）公交车（尤其是铰接式公交车、双层公交车）转弯时，

要注意前后内侧车轮轨迹差及重心过高的影响,提前降低车速,缓慢转动转向盘,采取转大弯的方法通过,避免后侧车厢发生侧滑或车辆侧翻。

知识链接

什么是内轮差?

机动车在转弯时,转弯一侧的前后轮不在一条轨迹上。前内轮转弯半径与后内轮转弯半径之差就是机动车的内轮差。车身越长,内轮差就越大。公交车转弯时,如果只注意前轮通过,而忽视给后轮留有足够的空间,后内轮就可能驶出路面或刮蹭行人和车辆。

(8)在黄昏时段行驶或者在雾、雨、雪、沙尘、冰雹等低能见度气象条件下行驶时,要开启近光灯、示廓灯、后位灯,适当降低车速。

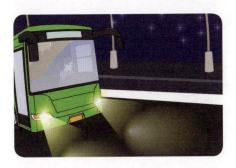

(9)行车过程中,要合理使用公交车辆安全辅助设施设备,正确对待公交车辆安全辅助设施设备的提醒,更不能随意关闭安全辅助设施设备。

常见公交车辆安全辅助设施设备

1. 车载视频监控系统

车载视频监控系统的作用是通过实时采集车辆内外视频信息和车辆关键零部件运行状态信息,对驾驶员的驾驶行为和车辆运行状态进行实时自动监测,当驾驶员出现疲劳驾驶、超速行驶等不安全驾驶行为或驶入禁入区域、驶出禁出区域、驶离设定路线时自动进行报警,以确保行车安全。另外,当驾驶员在行驶途中遇到抢劫、车辆故障等突发事件时,可以启动一键报警按钮向监控中心报警,有助于救援人员第一时间协调处理。

2. 胎压监测报警系统

胎压监测报警系统的作用是在汽车行驶过程中对车辆轮胎气压进行实时自动监测,当轮胎出现漏气、气压过低、气压过高或温度过高时自动进行报警,此时驾驶员应尽快靠路边停车,检查轮胎胎压并将胎压调整到正确的压力值范围内。

4.特殊环境行车,科学规范应对

在夜间及雨、雪、雾等特殊天气条件下行车时,驾驶员要注意掌握道路环境特点,规范操作、合理控制车速、谨慎驾驶、提前预防、确保行车安全。

❶ 夜间安全行车

(1)夜间在照明条件良好的道路上行驶,要开启近光灯;在没有路灯或照明不良的道路上行驶,要开启远光灯,但遇到以下情况时要改用近光灯：

①与同车道前车的距离小于50米时；

②会车时，距对向来车不足150米时；

③在窄路、窄桥与非机动车会车时。

（2）夜间通过较急的弯路，在距转弯150米处，应交替变换远、近光灯示意对向来车，转弯时关闭远光灯，开启近光灯，低速靠右侧道路行驶，并随时做好停车准备。通过连续弯道时，应持续交替使用远、近光灯示意对向来车，注意观察弯道尽头，适时调整行驶方向，确保安全。

夜间通过急转弯道

（3）夜间上陡坡或在拱桥上行驶，要提前加速冲坡，交替变换远、近光灯示意，提醒对向来车和行人注意安全。车辆驶近坡顶或桥顶时，要合理控制车速，将远光灯变换为近光灯，以防对向来

车炫目。下坡或下桥行驶时，要开启远光灯，以增大视线范围。

上坡要变换远、近光灯！

夜间通过坡道、拱桥

驾驶员如何预防疲劳驾驶

（1）保证足够的睡眠时间和良好的睡眠效果。养成按时就寝的习惯，保持良好的睡眠姿势，每天保持7～8小时的睡眠；睡前1.5～2小时内不饮食，睡前1小时内不要过多饮水、不进行过度脑力工作；卧室内保持通风、清洁，床不宜太软，被子不宜过重、过暖，枕头不宜过高。

（2）养成良好的饮食习惯，提高身体素质。膳食宜选择易消化、营养价值高的食品；勿暴饮暴食；每餐间隔以5～6小时为宜，尽量做到定时就餐。

（3）科学、合理地安排行车时间和计划，行车途中注意休息；连续驾车4小时，中间必须停车休息20分钟以上。

（4）注意合理安排自己的休息方式。驾驶车辆避免长时间保持一个固定姿势，可时常调整坐姿并深呼吸，以促进血液循环，缓解疲劳。

（5）暑热天气，出车前备好清凉、提神用品，以缓解疲劳犯困。

（6）驾驶员出现视线模糊、腰酸背痛、动作呆板、手脚发胀或有精力不集中、反应迟钝、思考不周全、精神涣散、焦虑、急躁等现象时，要及时休息，不得勉强驾驶车辆。

❷ 雨天安全行车

（1）进站时不要快速贴靠站台。雨中进站时，要尽量靠近站台，但不要快速贴靠站台，以免溅起站台内积水，打湿候车乘客衣服。另外，要预防站台内候车人急于上车而拥挤摔倒。

（2）行车速度不要太快。雨天行车时，风窗玻璃和车窗容易形成水雾，影响驾驶员视线，速度过快容易出现险情。雨天路面湿滑，轮胎附着力变小，高速行驶时易出现"水滑"现象，引发车辆侧滑和制动距离延长风险。

预防汽车水滑引发失控

（3）不要紧急制动。雨天路面湿滑，紧急制动易导致车辆侧滑或甩尾。双层公交车、铰接式公交车车身比一般公交车更高、更长，更容易发生危险。

（4）不要急转向躲避路面积水。遇见积水就急转向躲避，不仅乘客会左右摇晃站立不稳，还容易造成车辆侧滑、侧翻。

（5）不要盲目涉水。暴雨后，立交桥下、深槽隧道等路段容易形成积水。遇积水路段时，要先探明水深，避免盲目涉水行驶或跟车涉水行驶；确认能够安全通过后，选择低挡位，保持低速平稳通过。通过涉水路段后，要反复轻踩制动踏板，排除行车制动器内水分，恢复车辆制动效能。

水深不明或积水深度超过1/2轮胎高度时，应报告调度部门，征得同意后，绕道行驶或安全停车等待排水。

（6）经过泥泞、翻浆道路时不要使用高速挡，要使用中速挡或低速挡，使车辆保持足够的动力顺利通过。

（7）不要碾轧松软路基。在山区、乡村低等级道路行驶时，要注意观察前方路基有无塌陷迹象，尽量靠近道路中心线行驶。

暴雨天行车注意事项

行车中遇到暴雨严重影响驾驶员视线时，驾驶员要选择安全地点停车，待暴雨过后再上路行驶。停驶期间，驾驶员和乘务员要做好乘客安抚、解释工作，获得乘客的理解。

暴雨期间在山区行车时，可能面临山体滑坡、泥石流的危险，驾驶员要注意收听实时路况信息，必要时报请企业调整线路。遭遇泥石流时，要立即选择安全地点停车，组织乘客撤离至安全地带。

❸ 雾天安全行车

（1）雾天能见度低，驾驶员要根据道路能见度，适时打开近光灯、示廓灯、后位灯和雾灯，要低速行驶并适时鸣喇叭，提醒他人注意。

雾天多用喇叭示意驾驶意图

雾天行车需注意观察车辆和行人！

正确使用雾灯

雾灯的作用并不是照明，而是提供一个高亮度的散射光，穿透浓雾，引起对向来车或后方车辆驾驶员的注意。前雾灯光源为黄色，后雾灯光源为红色。在雾、雨、雪、沙尘、冰雹等能见度小于200米的天气条件下行车时，要开启雾灯。

驾驶员不可盲目使用雾灯。实验证明，夜晚跟随打开后雾灯的车辆行驶，短时间内就会眼睛昏花，无法辨别前方的交通情况，易发生危险。

（2）大雾天气行车难度增加，驾驶员要时刻提高警惕，准备应对任何可能的突发情况。浓雾天气，驾驶员难以辨别前方道路情况时，要及时安全停车，待能见度提高后再行驶。

雾天能见度太低时，要及时停车。

沙尘天气安全行车方法

在大风沙尘天气，飞扬的尘土会遮挡视线，驾驶员要减速慢行，保持安全车距，预防其他交通参与者为躲避尘土，在车辆临近时突然改变行进方向引发碰撞事故。

行车时，驾驶员要开启近光灯、示廓灯、后位灯，必要时鸣喇叭提示，以引起其他行人、车辆注意，并随时做好停车准备。

夜间行驶时，要使用近光灯，以免因出现炫目的光幕而影响驾驶员视线，引发事故。

❹ 雪天安全行车

（1）轮胎在冰雪路面上附着力变小，驾驶员要特别注意控制车速，低速行驶，与其他车辆保持安全距离，避免急加速、急减速、急转弯。有条件的，要安装防滑链。

保持低速行驶

（2）大雪过后，人行道和自行车道被冰雪覆盖，而机动车道因车辆行驶的缘故，不易形成积雪，行人、非机动车常常借用机动车道，加上路面滑溜，易失去平衡摔倒，驾驶员要格外警惕，与行人和非机动车保持足够的安全距离。

注意避让周围行人和骑车人

（3）在积雪覆盖的道路上行驶，道路轮廓难以辨别时，要根据道路两旁的树木、电线杆等参照物判断行驶路线，尽量沿车辙行驶。

雪天驾驶避险要诀

（1）缓加速。在起步和加速时，加速踏板要轻缓踩下，以防止轮胎打滑和车辆侧滑。

（2）巧减速。减速时，要充分利用发动机低速运转时的"牵阻"作用进行减速，避免紧急制动。

（3）慢转向。转向前要先减速，缓慢转动转向盘，以免车辆发生侧滑、甩尾等危险。

（4）多预见。冰雪路面滑溜，车辆制动距离增长，驾驶员要提前预见险情，采取减速制动措施。

（5）慎处置。遇车辆侧滑时，应向侧滑方向轻轻转动转向盘。

5 隧道安全行车

（1）在即将进入隧道时，驾驶员要提前降低车速，开启近光灯、示廓灯和后位灯，适当增大与前车的纵向安全距离。同时，要注意隧道口内外路面状况的变化情况。

（2）进入隧道时，明暗光线变化会导致驾驶员出现短暂的盲视，驾驶员要保持镇定，尽量保持低速行驶，并与前车保持足够的安全距离，不得超车和变更车道。

（3）即将驶出隧道时，要适当降低车速，同时握稳转向盘，以避免隧道口的横风引起车辆侧滑或侧翻。

什么是明暗适应？

在进出隧道时，光线会突然变暗或者变亮，驾驶员的眼睛会有一个明暗适应过程，这会导致驾驶员在短时间内很难观察清楚前方的交通情况，容易引发交通事故。

（隧道内光线暗）　　　（隧道口光线亮）

6 桥涵安全行车

（1）驾驶员行车途中通过桥涵时，要注意限速、限宽、限高等有关规定，保持安全车速行驶，不要超车。

（2）途经跨河、跨海大桥时，行车易受横风的影响，此时要注意控制车速，握紧转向盘，与同向车辆保持较大的横向间距。

（3）通过拱形桥时，驾驶员往往无法看清对向来车和行驶路线，此时应注意多鸣喇叭，靠右侧减速行驶，随时注意对向来车和行人情况。车行至桥顶，要松抬加速踏板，减速下行，同时注意观察桥下情况，随时做好制动准备。

（4）通过窄桥前，应先看清前方是否有来车，若桥面会车有困难，不要冒险会车，要在桥头宽阔地段停车等候，不要抢行。

❼ 城乡接合部安全行车

（1）城乡接合部道路交通标志标线及交通信号灯等交通安全设施不完善，道路的通行秩序较为混乱。因此，要低速谨慎慢行，密切观察，注意减速礼让。

（2）遇农民占道晒粮、流动摊贩占道经营时，要注意避免碾压占道的粮食和剐蹭路边摊位，低速通过。

第二章 规范使用安全设施

在车辆出现火情等紧急情况时,驾驶员要立即停车,迅速使用安全设施开辟逃生通道,组织乘客逃生,扑救初期火情,最大限度地保障生命安全,减少事故损失。

1. 逃生通道,安全脱险

❶ 车门

车门是最重要的安全出口,是突发事件发生时最主要的逃生通道。一般情况下,驾驶员通过车门开关按钮打开车门,特殊情况下需要通过应急开关打开车门。公交车在车门附近配备有车内和车外两种应急开关。

(1)从车内开启应急开关方法:先将应急阀垂直向外拉出,双手握住一扇车门的扶手,左手向外推,右手往里拉,即可开启车门。

(2)从车外开启应急开关方法:打开安全阀的阀盖,按指示方向旋转该安全阀,将车路管中的气压泄掉,即可开启车门。

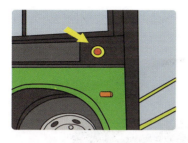 

❷ 车窗

车窗也是乘客的主要逃生通道，常见的车窗形式包括手动开启式车窗、封闭式车窗和安全顶窗。

（1）手动开启式车窗。

①推拉式车窗在公交车上比较常见，出现紧急情况时，乘客可用手将车窗平移开启，跳窗逃生。

②外推式应急窗是单卡口设计，出现紧急情况时，只要拧动扳手，即可把整扇车窗向外推开。

③提拉式应急窗类似火车车窗的设计，按下车窗下面两侧的开关后，用力向上提拉就可以打开车窗。

（2）封闭式车窗。一些公交车的车窗是封闭式的，封闭式应急车窗一般标有"安全出口"或者"EXIT"标志，且其一侧放置有安全锤。安全锤是在紧急情况下用来敲碎公交车车窗玻璃的专用工具，一般由圆锥形尖端的金属锤头和锤柄组成。

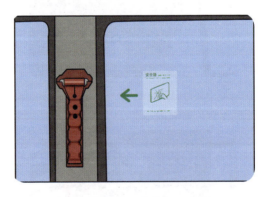

应急窗钢化玻璃的中间部分比较牢固，四角和边缘相对薄弱，要使用安全锤敲击玻璃的四角或边缘。对于设有敲击点标志的应急窗，则要将锤头对准敲击点，用力敲击。

第二章　规范使用安全设施

（3）安全顶窗。公交车车顶一般安装有可推开的换气、逃生两用安全顶窗，必要时乘客只需扭动窗上的旋钮，即可向外推开顶窗逃生。在车辆发生侧翻或落水时，借用安全顶窗逃生的效果较好。

2.灭火器材，熟练使用

灭火器是重要的车载灭火设备，一般放置在驾驶员座椅旁、车辆中部或后侧车门附近。公交车上通常使用的是干粉灭火器，主要用于扑救石油、有机溶剂等易燃液体、可燃气体和电气设备的初期火灾。

干粉灭火器最常用的开启方法为压把法,将灭火器提到距火源适当距离后,先上下颠倒几次,使筒内的干粉松动,然后将喷嘴对准火焰根部,拔去保险销,压下压把,灭火剂便会喷射灭火。

灭火时,操作人员要站在上风位置,一手握住灭火器手柄,一手握住灭火器喷管,按下手柄,将软管对准火焰根部喷射,由近及远,左右扫射,快速推进,直至把火焰全部扑灭。

除干粉灭火器外,水基灭火器也是车辆常备的灭火器之一。水基灭火器适用于扑救固体或非水溶性液体的初起火灾,也可扑救带电设备火灾,被广泛应用于油田、油库、轮船、工厂、商店、客车等场所,具有操作方便、灭火效率高、使用时不需倒置、有效期长、抗复燃、双重灭火等优点,是国家倡导使用的灭火器。

水基灭火器使用方法与注意事项如下:

(1)使用时先拔出保险销,按下压把,泡沫立即喷出,将喷嘴对准火焰根部横扫,迅速将火焰扑灭。

(2)使用时应垂直操作,切勿横卧或倒置。灭油火时,不要直接冲击油面,以免油液激溅引起火焰漫延,应找物品覆盖油面后再用灭火器灭火。

第三章 正确处置紧急事件

车辆运行中遇紧急情况时,驾驶员和乘务员不要惊慌失措,要保持理智和冷静,按照"及时停车、迅速报警、保护现场、抢救伤员"的程序进行处置,做到不慌不乱、反应迅速、处置正确。

1. 突发事件,危害巨大

城市公交突发事件是指城市公交运营过程中突然发生的,造成或者可能造成严重社会危害、人员伤亡及经济损失,需要采取应急处置措施予以应对的事件。根据事件发生的原因和造成的后果等主要特征,城市公交突发事件分为自然灾害、安全事故、公共卫生事件、社会安全事件等类型。

❶ 自然灾害

自然灾害是指由于自然界发生地质灾害或气象灾害,影响或可能影响城市公交线路正常运营,或造成乘客伤亡、较大直接经济损失的突发事件,如地震、泥石流、台风、洪涝、冰雹、雨雪灾害等。

(1)地震。地震是一种危害严重的自然灾害,会造成建筑物与构筑物的破坏,如房屋倒塌、桥梁断裂、道路严重损毁,山区公路还会出现山体滑坡、塌方等地质灾害,交通有可能被中断。公交车行驶途中如遇严重地震,会因猛烈晃动而失控,发生碰撞、侧翻、被高空坠物砸到等危险。

（2）泥石流。泥石流经常发生在峡谷地区和地震火山多发区，在暴雨期具有群发性。泥石流有突然性以及流速快、流量大、物质容量大和破坏力强等特点。泥石流会直接埋没公路，摧毁路基、桥涵等设施，致使交通中断。正在运行的公交车受到泥石流冲击，会有被颠覆、掩埋的危险。

泥石流发生前有以下征兆：河流突然断流或水势突然增大，并夹有较多柴草、树枝；深谷内传来似火车轰鸣或闷雷般的声音；沟谷深处突然变得昏暗，并有轻微震动感等。

（3）台风。在台风天气中行车，由于风力的作用，车辆行驶稳定性下降。台风登陆时往往伴随大雨，严重影响驾驶员的行车视线，而且由于路面湿滑，车速过快或采取紧急制动措施时会有侧滑的危险。此外，在靠近大型广告牌、树木、电线杆、住宅楼等地带，容易因坠物、倒塌等引发险情。

（4）洪涝。城市发生洪涝灾害时，道路积水严重，道路甚至可能被冲毁。若不注意观察水深，涉水通过积水路段可能会导致公交车熄火、被淹或被洪水冲走。

（5）冰雹。冰雹灾害会使公交车的车身损坏，如果车速过快冰雹还可能会砸碎风窗玻璃，造成车内人员受伤。冰雹也会使路面湿滑，影响公交车的行车安全。

（6）暴雨。暴雨会使道路积水严重，交通中断。驾驶公交车通过积水较深路段，容易导致发动机进水，车辆熄火。雨水持续时间过长，还会引发洪涝、山体滑坡、石泥流等灾害。

（7）冰雪。公交车在冰雪路面行驶时，车辆起步、加速、转向、制动都要适度，否则容易导致车辆侧滑失控。

自然灾害要以预防为主，预防与应急相结合

发生自然灾害时，公交车正常运行受到严重影响，可能引起车辆碰撞、侧翻、落水等突发事件，引发重大人员伤亡和财产损失。接收到相关部门发布的自然灾害预警信息时，驾驶员要予以重视，提前做好应急准备。遇到突发自然灾害时，驾驶员要沉着冷静，做好现场应急处置，及时报警并向所在单位报告，寻求救援。

❷ 安全事故

公交安全事故主要包括道路交通事故、乘客伤害事故、公交车起火燃烧、公交车辆严重机械故障引发的事故等。

（1）道路交通事故。道路交通事故是城市公交安全事故的主要类型之一。大部分城市公交道路交通事故是由于人的不安全行为造成的。

按照事故中交通参与者的不同类型，可以将公交道路交通事故分为以下四类：

①公交车单方事故。主要是由于驾驶员的不规范驾驶或交通违法行为、车辆技术状况不良、行车环境不佳等原因造成的。

②公交车与机动车事故。一般会导致较为严重的人员伤亡和财产损失，尤其是公交车与大型车辆发生碰撞事故。

③公交车与行人事故。此类事故较为普遍，一般是由于公交车驾驶员或行人存在交通违法行为，如公交车占道行驶，行人闯红灯或违法横穿道路等。

典型案例

不要在公交车前后穿行道路

2019年4月19日13时50分，梧州市某公交公司驾驶员蔡某驾驶一辆公交车在长洲区新兴二路由南往北方向行驶，当车辆驶至京梧公交车站对开路段时，一名小女孩黄某由东往西从公交车前方跑过，车辆与黄某发生碰撞后导致黄某抢救无效死亡。

④公交车与非机动车事故。公交车在城市道路上运行，容易与电动自行车、自行车等非机动车发生剐蹭事故。

（2）乘客伤害事故。乘客伤害事故可以分为两类，一是发生在站台上的事故，二是发生在公交车上的事故。

发生在站台上的乘客伤害事故主要原因有：

①公交车进出站操作不规范。

一是公交车进站时不提前减速，直接冲进站台后紧急制动，遇有乘客在站台下候车时，容易与其发生碰撞。多辆公交车争抢进站，不按规定停车，易与站台附近的乘客发生碰撞。

二是公交车处于有坡道的站台内，如操作不当，易发生溜车事故，撞碰后部车辆或挤伤行人。

三是乘客上下车时，车门打开或关闭过快，易发生夹伤乘客、夹住乘客背包等随身物品，或被车辆拖拽导致乘客伤亡等恶性事故。车门处乘客太多或者车未停稳就开车门等错误操作，易引发乘客坠车事故。

四是起步过快。公交驾驶员在乘客未完全下车或刚上车乘客未站稳扶好就猛踩加速踏板起步,导致乘客站立不稳,易发生磕碰、摔伤事故。

②站台秩序混乱。乘客常常还没等到车辆进站就一拥而上,尤其是在几辆车同时进站时,乘客来回奔跑。若有乘客被挤倒或因路面不平绊倒,则容易发生碾压事故。此外,乘客不走人行横道,随意横穿道路,也容易发生碰撞事故。

发生在公交车上的乘客伤害事故主要原因有:

行车中不规范驾驶、应急处置不当。乘客在乘坐公交车时,由于驾驶员的突然制动、急转向等不规范操作,或者应急处置不当等原因引起乘客摔倒、碰撞车内固定物而受伤。

(3)公交车起火燃烧。公交车起火燃烧的原因包括两类:

①人为原因。驾驶员不规范操作、乘客违规乘车以及蓄意纵火都会导致车辆起火燃烧。如驾驶员在冬季违规使用暖风,造成加热器故障,引发车辆起火燃烧;乘客违反乘车规定,携带易燃易爆等危险物品上车;驾驶员、乘务员或乘客忽视消防安全,在车内吸烟、乱扔烟头;乘客报复社会,故意纵火,燕郊"5·5"公交车纵火案、柳州"11·21"公交车纵火案都是典型的乘客蓄意纵火事件。

②车辆技术状况不良。引发公交车自燃的直接原因是车辆的

热源部件技术状况不良，主要包括发动机及其涡轮增压器、燃料系统、动力电池、车用电器、空调及暖风、车载电器及线束、电涡流缓速器、制动部件等。其中线束的接头配合松旷、导线绝缘层耐温性差、导线绝缘层老化、线束固定工艺不规范，发动机涡轮增压器故障以及动力电池热失控等是引发公交车自燃的主要原因。

公交车辆发生自燃事件的基本规律

（1）公交车自燃事件主要发生在气温较高的夏、秋季节。

（2）一般车龄较长、车辆技术状况较差的公交车容易自燃。

（3）公交车安全设施缺失，如灭火器配备不齐全、过期，安全锤丢失，阻燃材料不阻燃等均可导致公交车火灾事故恶化，加重事故伤害和损失。

（4）公交车严重机械故障引发的事故。公交车由于爆胎、制动失效等故障，导致驾驶员无法有效控制车辆，引起车辆碰撞、倾翻等事故。

❸ 公共卫生事件

公共卫生事件是指由于病菌或病毒引起的大范围流行疾病，影响或可能影响城市公交正常运营的突发事件，如传染性非典型肺炎、新型冠状病毒肺炎等。

在传染病高发期间，乘客对车内卫生环境较为敏感，且遇到疑似携带传染病人员时，容易恐慌，造成乘车秩序混乱。

❹ 社会安全事件

社会安全事件是指由于一定的社会问题或个人主观意愿,以破坏公交运营安全、危及社会安全为目的的突发事件,如恐怖袭击事件、侵袭驾驶员等。

发生社会安全事件时,会威胁到车内人员的生命财产安全,严重扰乱乘车秩序,影响公交正常运营,造成人员伤亡,甚至引发社会恐慌,危害极大。

2.自然灾害,主动避险

遇自然灾害时,驾驶员要沉着冷静,采取正确措施,积极开展自救、互救。

第三章 正确处置紧急事件

❶ 地震

发生地震时,大地剧烈晃动,公交车往往无法稳定行驶。此时,驾驶员应握紧转向盘,尽快选择空旷区域停车。同时驾驶员或乘务员提醒乘客抓好扶手、低头,以免摔倒或碰伤。

❷ 泥石流

在泥石流多发地区,遇大雨或连续阴雨天气时,驾驶员要特别留意发生泥石流的可能性。行驶途中遭遇泥石流时,要立即安全停车,组织乘客往泥石流上游方向树木生长密集的山坡上逃生。

❸ 台风

驾驶员要适当降低车速,握稳转向盘,防止因横风作用致使行驶方向偏移,尽量减少超车。正确辨认风向,如果是逆风行驶,要注意风向突然改变或道路出现较大弯度时,风阻突然减小,车速将猛然增大。

大型车辆、自行车、三轮车、摩托车等受风力作用稳定性变差,与其相遇时,要适当增大安全距离,防止这些车辆来回摆动发生擦碰。

❹ 洪涝

日常要注意观察易积水路段,在发生洪涝灾害时做到心中有数。同时实时了解调度指挥中心发出的路况信息,根据指令采取改道、区间运行或临时停运等措施。

涉水行进时尽量放慢速度，注意观察道路积水情况，若水深已超过半个轮胎高度，要报告调度部门，获批后绕道行驶。若不能绕道则选择安全区域停车等待，并向乘客说明情况，获得乘客的理解。

若公交车因盲目涉水行驶，熄火停留在积水中时，外部的积水会快速涌入车厢内且不断上涨。驾驶员和乘务员要保持冷静，告知乘客不要慌张，尽快打开车门、安全顶窗，或者利用安全锤等尖锐物敲碎车窗，组织乘客从车厢内逃离，同时要拨打122或110报警电话，并向运营单位报告。

❺ 冰雹

因地面积雹会降低公交车制动效能和行车稳定性，驾驶员要减缓车速，必要时靠路边安全停车，向乘客解释情况，获得乘客的理解。

3.交通事故，视情处置

公交车发生交通事故时，当碰撞的主要位置不在驾驶员一侧时，驾驶员要紧握转向盘，两腿向前蹬直，身体向后倾，以免在车辆撞击时，头撞到风窗玻璃上受伤。如果撞击部位靠近驾驶员一侧时，驾驶员要迅速将双脚抬起，以免受到挤压。发生碰撞事故后，驾驶员要采取以下处置措施：

（1）立即停车，关闭发动机并切断电源，拉紧驻车制动器操纵杆，开启危险报警闪光灯（夜间还需开启示廓灯和后位灯），正确放置危险警告标志，并疏散乘客到安全地带。

（2）事故未造成人员伤亡的，应及时向运营单位报告，组织乘客转乘同线路的其他车辆。

（3）事故造成人员伤亡的应及时拨打122或120报警电话，并向运营单位报告，组织乘客转乘同线路的其他车辆。现场救护时，应遵循"先人后物、先重伤员后轻伤员、先人后己"的原则，因救护受伤人员变动现场的，要标记伤员的原始位置。

（4）处理交通事故时，事故未造成人员伤亡，当事人对事实及成因无争议的，以及仅造成轻微财产损失、基本事实清楚的，驾驶员可在符合公司相关规定的原则下，自行协商处理损害赔偿事宜。车辆有损坏时，可使用照相机或者手机从不同角度拍摄事故现场全景、车辆号牌、受损部位、受损程度，之后撤离现场。不能自行解决的事故，立即报警，及时向公司汇报，并通知保险公司。

4. 乘客受伤，查探伤情

乘客在车上发生磕碰、摔倒时，驾驶员要立即靠边安全停车，上前查看伤者的伤情，安抚伤者，必要时拨打120急救电话，同时向所在运营单位报告，并组织乘客转乘同线路的其他车辆。

如果乘客受伤非常严重，需要紧急送往医院时，驾驶员和乘务员要立即将受伤乘客送往附近的医院进行救治，同时向车内其他乘客耐心解释，取得大家的理解。

由于其他车辆的违规行为造成突发情况，迫使公交车紧急避让、制动，导致乘客受伤时，驾驶员和乘务员要记住其车辆牌号，并寻找目击者给予见证证明。

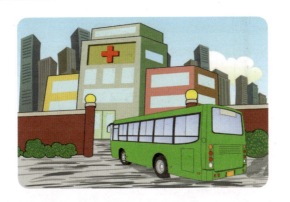

5.乘客发病，紧急救治

乘客的常见突发疾病包括心肌梗死、心绞痛、冠心病、房颤（心力衰竭），癫痫（精神失常、晕厥），脑出血，哮喘（呼吸困难），晕车、中暑等。

驾驶员对年老体弱、孕妇等特殊乘客要格外关照，留意观察乘客的精神状态，遇脸色差、出虚汗、表情痛苦等明显有身体不适状况的乘客，要主动询问，提供帮助。

脑出血的症状

脑出血发病急、进展快，发病时的典型症状有：头痛、呕吐、偏瘫、失语、意识障碍、昏迷、发热、呼吸慢而深、血压升高，严重时还可出现高热、大小便失禁等。

乘客突发疾病时，驾驶员或乘务员要立即靠边安全停车，询问乘客中是否有医生，请求并协助医生对病人进行救助，同时拨打120求助。

城市公交安全和应急手册（第3版）

对于患有心脏病、呼吸系统疾病的乘客，要及时询问其是否随身携带急救药品，驾驶员或乘务员可在乘客的帮助下为患者服（喷）药物，以缓解症状。

乘客突发疾病的救助方法

遇乘客突发心脏病时，驾驶员或乘务员可在乘客的帮助下迅速给病人服用急救药（病人随身携带或车上备用），将病人平卧，解开领扣，松开腰带，避免胸、腹部受压。及时清除口鼻腔内的分泌物，保持呼吸道通畅。病人下车时，要采用担架或多人平抬等方法。

遇乘客突发脑出血时，要让病人呈平卧位，头偏向一侧，保持气管通畅，以防血液、呕吐物吸入气管。然后，迅速松解病人衣领和腰带，用冷毛巾覆盖患者头部，以减少出血量。天冷时要注意为病人敷盖衣物，天热时注意降温。将病人送往医院的途中，将其头部稍稍抬高，随时注意病情变化。车辆要尽量平稳行驶，减少颠簸振动。

遇乘客中暑时，要迅速扶病人保持仰卧位，头稍垫高、解开衣裤，采取通风措施。有条件的可将冰块（或冰棍）装在塑料袋内，放在病人的额头、颈部、腋下和大腿根部降低体温，也可按摩病人的四肢及躯干，直至皮肤发红，以促使血液循环，尽快散出体内热量，降低体温。对于神志清醒的病人，可喂饮清凉饮料、糖盐水及人丹、十滴水、藿香正气水等清热解暑药。病人神志不清时，可用手指甲掐病人的人中穴（鼻唇之间中上1/3处）、内关穴（手腕内侧上方约5厘米处）以及合谷穴（即虎口）等，促使病人苏醒。病人出现呕吐的，要将其头部偏向一侧，以免呕吐物呛入气管引起窒息。症状没有得到缓解，甚至出现痉挛的病人，在积极采取上述救助措施的同时，应尽快送往医院抢救。

如果遇到需要紧急送往医院进行抢救的乘客，驾驶员要立即拨打120急救电话，请求专业救援，或者尽快将其送往附近的医院进行救治，并向车内其他乘客耐心解释，取得大家的理解。

 典型案例

乘客生病正确处置

2019年4月27日,贵阳市某公交公司驾驶员罗某驾驶公交车正常行驶,车上一名乘客突然昏倒在车厢内,罗某沉着冷静,立即靠边安全停车,拨打120急救电话,同时向车队领导和公司总调度室说明情况,将车上其他乘客转乘同线路的其他车辆。10分钟后,120急救人员赶到现场,罗某协助该乘客的父亲和急救人员,一起将乘客送上急救车。

6.驾驶员发病,立即停车

行车中,驾驶员可能会突然出现眩晕、胸闷、气虚、腹部或胃部绞痛、冒冷汗等身体不适症状,如果盲目坚持驾驶,容易因注意力分散、对车辆的操控能力下降等引发事故。

驾驶员突然感到身体不适时,应立即开启危险报警闪光灯,尽快选择安全区域靠边停车,拉紧驻车制动器操纵杆,并告知乘客临时停车原因。

停车后,驾驶员及时采取自救措施,请乘务员或乘客协助按规定摆放危险警告标志并组织人员安全疏散。若自身病情无法得到缓解,应及时向运营单位报告现场情况及车辆停放位置,请求救援,并拨打120急救电话。

7.车辆着火,迅速疏散

公交车着火后,火势蔓延非常快。发现公交车车厢内出现焦煳等异味、烟气或者火苗等初期着火迹象后,驾驶员要在确保安全的前提下,迅速组织人员自救:

(1)立即安全停车,迅速打开全部车门(车门无法正常打开时,通过操纵应急阀打开或利用安全锤等工具敲碎车窗玻璃),关闭电源总开关、点火开关、燃气开关及百叶窗,组织乘客撤离车辆。

(2)待乘客疏散到安全地带后,如火势可控,驾驶员要查找着火部位,使用灭火器等灭火装置灭火。

(3)驾驶员在灭火时首先要确保自身安全,如果火势发展较快,难以有效控制时,要立即撤离现场,并拨打119报警电话,请求消防人员救援,同时向运营单位报告。

(4)驾驶员要尽快疏散附近的行人和车辆,维护现场秩序,防止二次事故发生。

城市公交安全和应急手册（第3版）

如果公交车在加油站、易燃物堆积区等危险场所起火，驾驶员要先驾驶车辆驶离危险区域，再安全停车，组织人员疏散。

公交车起火自救时注意事项

（1）发动机着火时要迅速关闭发动机，在不开启发动机舱盖的情况下，用灭火器灭火。

（2）使用灭火器灭火时人要站在上风处，尽量远离火源，灭火器要瞄准火源灭火。

（3）灭火时要脱去所穿的化纤服装，注意保护暴露在外面的皮肤，不要张嘴呼吸或高声呐喊。

纯电动公交车起火原因及燃烧特征

纯电动公交车起火原因：

（1）过充过放导致电池热失控。

（2）猛烈撞击导致电池内部短路。

（3）高温及涉水环境导致电池热失控。

（4）电池电路故障。

纯电动公交车燃烧特征：

（1）产生大量有毒烟雾。

（2）火势扩散速度迅猛。

（3）起火后火势难以控制。

8.车辆爆胎，控制方向

行车中如遇公交车爆胎，特别是前轮爆裂时，驾驶员要采取以下措施：

（1）双手紧握转向盘，尽量控制车辆保持直线行驶，迅速松抬加速踏板，采用"轻踩长磨"的减速方式，逐渐降低车速，靠边停车，严禁紧急制动。

（2）车辆停稳后，打开危险报警闪光灯，在车后100~150米处放置危险警告标志。

（3）向乘客进行必要的解释并给予安抚，向运营单位报告，组织乘客转乘同线路的其他车辆。

9. 制动失灵，严防失控

当公交车行驶过程中制动系统出现问题时，车辆仪表板上的制动报警灯会闪亮。

目前公交车制动系统多为双管路制动，因而制动报警灯亮时，可能只有一个制动管路出现问题，制动性能并没有完全失效。此时，要连续多次踩踏制动踏板，在较长的制动距离内将车停住。

如果制动性能全部失效，驾驶员也要保持冷静，不要惊慌失措，及时通知车内乘客，做好防碰撞准备。

典型案例

公交车制动失灵驾驶员果断处置

2017年4月9日，东莞市一辆公交车路过虹桥市场公交车站时突然制动（失灵），驾驶员果断将车辆撞上右边一栋居民楼，得以紧急停车。由于紧急处置方式得当，路人及车上乘客均未受伤。

制动失灵时，驾驶员要根据不同的情形采取相应的措施安全停车：

（1）在快速路上行驶时，驾驶员在确保安全的情况下，应立即驶入应急车道，并采用逐级减挡的方式降速。当车速低于30公里/时后，采用驻车制动器将公交车停住。

（2）在一般道路上行驶时，驾驶员应注意观察前方交通情况，控制好方向，避开前方障碍物。同时，快速地将变速器挂入低速挡，并采用连续不断地拉紧、放松驻车制动器操纵杆的方法来进一步降低车速，将车停住。

不可将驻车制动器操纵杆一次拉紧！

（3）在转弯道行驶时：若在进入弯道之前发现制动失灵，先控制住方向并快速抢挂低速挡，可以视情况决定是否利用驻车制动器，一定要使车速在进弯之前降下来，将车停住。若进入弯道后发现制动失灵，先控制住方向，并快速抢挂低速挡降速，不能拉紧驻车制动器操纵杆降速，以免造成车辆甩尾。

（4）在上坡路行驶时：驾驶员应快速抢挂低速挡，在路况允许的情况下，慢慢地驶上坡顶，再利用驻车制动器将车停住；如需半坡停车，应挂入低速挡，拉紧驻车制动器操纵杆，将车停住，并在后轮堑垫木，以免车辆后溜。

（5）在下坡路行驶时：若制动失灵，驾驶员千万不要心慌意乱，要立即拉紧驻车制动器操纵杆，可以用在一般道路上的应急方法来降低车速并停车，如果实在无法将车停住，情况又非常危急，可以用撞、蹭路旁护栏或障碍物的办法降低车速，再用驻车制动器将车停住。

10. 重大疫情，加强防控

在疫情预警期间，驾驶员和乘务员要采取以下处置措施：

（1）按要求定时报告自己的身体健康状况，如遇到身体不适，及时向运营单位报告，发车前做好个人防护措施。

（2）按卫生防疫部门的要求定期对公交车辆的扶手、地板、车窗开关把手等设施、设备进行清洁和消毒，保持车内良好的卫生状况，预防病毒传播。

（3）发车前做好个人防护措施，佩戴医用外科口罩、手套等。

（4）乘客上车时，提醒乘客佩戴口罩、保持安全距离、分散就座，同时注意观察乘客状态，对拒不配合者，可拒绝其登乘。

（5）车辆运行过程中，若室外温度和车速适宜，保持开窗通风，车辆使用空调时，选择外循环模式。

在乘客上车或车辆运行过程中，若发现疑似患病人员，驾驶员或乘务员要采取以下应急处置措施：

（1）及时安全停车，立即在车上采取通风、消毒等措施，将可疑感染人员安排在距离其他乘客1米以上的地方。

（2）立即向企业管理部门报告，等待卫生健康部门专业人员的处理。

（3）向乘客做好解释工作，积极配合隔离和就诊排查。

11. 路遇抢劫，巧妙应对

在公交车上遭遇抢劫事件时不要惊慌，要克服畏惧、恐慌情绪，冷静分析自己所处的环境，在确保自身不会受到更大伤害的情况下，尽可能与犯罪嫌疑人巧妙周旋，积极自救或等待救援。

当公交车内发生抢劫事件时，驾驶员要设法将险情传递出去，并根据事态发展决定是紧闭车门，截断不法分子的逃生之路；还是打开车门化解险情。

驾驶员要注意观察，尽量准确地记下犯罪分子的特征，如身高、年龄、体态、发型、衣着、胡须、疤痕、语言、行为等，记住逃跑的方向及使用的交通工具类型、车型车号、颜色等，并及时报警。

驾驶员要与乘客齐心协力、团结一致，在不造成人员伤亡的前提下与劫匪周旋，同时要根据具体情况灵活采取应对措施。

 **典型案例**

路遇抢劫冷静处置

2019年3月24日晚上8时12分许，珠海市某公交公司驾驶员黎某将车停靠在圆明新园公交总站旁，等待乘客上车。一名身穿黑色外套的男子缓缓走上车，靠近驾驶位后，立即拔出水果刀指向黎某，大吼"你把钱给我，现在！"黎某临危不乱，一边解释身上没什么钱，一边想办法分散持刀男子的注意力。在黑衣男子稍有分神之际，黎某立即按住男子持刀的右手，将其推出车厢外，随后与公交车站执勤人员一起夺去水果刀，合力制服歹徒，并迅速报警。

 小贴士

报警注意事项

报警时要注意以下事项：

（1）要尽可能在第一时间报警，越快越好，早一分报警，多一分安全。

（2）听到民警接电话后，要保持冷静，报告最重要的信息，包括地点、时间、发生什么事件、现状、有无采取措施、不法分子的人数和特点等。

（3）报警内容要实事求是，不要夸大事实。

（4）报警人要尽量提供警情发生的确切位置，报警后请不要离开现场，在现场附近等候。

（5）报警人要设法保证自己不因报警而受到伤害。

12.谨防偷窃，提高警惕

驾驶员在处理盗窃事件时，既要与违法行为勇敢地做斗争，维护正义；又要注意避免引发更大的冲突，以免更多乘客受到伤害。

公交车上乘客较多，尤其是上下车时容易混乱，为窃贼行窃提供了可乘之机。在疑似窃贼上车后，驾驶员和乘务员有义务提醒乘客提高警惕，防止发生偷窃事件，维护乘客财产和人身安全。

驾驶员或乘务员发现窃贼行窃时，要立即用警示语气提醒乘客看管好自己的财物，提高警惕；也可提醒乘客往里走，引导被偷乘客远离小偷。

有乘客报告失窃时,驾驶员要立即安全停车,详细了解乘客被盗财物情况,在取得其他乘客同意的前提下,拨打110报警电话或将公交车行驶到附近公安机关,交由警察处理。

公交车上识别小偷的方法

通常可以采用"一看眼睛,二看手,三看衣着,四看走"的方法来识别小偷:

(1)眼神游移不定,东张西望。

(2)不扶安全扶手,双手交叉于胸前,以便随时"下手",夏季会以报纸、期刊、手提袋等物遮挡他人视线。

(3)喜欢穿着西装、风衣等前开襟的衣服,便于掩护;冬天很少戴手套,穿着较少,以深色调为主,手里也很少拿包,即使有也是空包。

(4)一般会穿轻便的运动鞋,在人多的地方喜欢不停地变换位置。

>
>
> 提醒乘客防偷盗的常用暗语
>
> （1）上车尽快往里走。
> （2）动一动，别挡着其他人上车。
> （3）您挡住我了，请往后走。
> （4）动一动，别挡着其他人下车。
> （5）您刷卡了吗？
> （6）您是不是刷的学生卡？
> （7）扶好了啊。
> （8）显示牌上有，您过去看一下。

13. 爆炸事件，及时处置

当有人宣称车上有爆炸物时，驾驶员要沉着应对，稳定车内乘客情绪，避免造成混乱，同时迅速选择安全区域停车，组织乘客撤离，并及时报警。

乘客撤离过程中，驾驶员要注意观察周围有无可疑的人、事、物，并用手机、照相机等设备拍摄、记录现场，提供给警方参考。

遇到局部爆炸时，驾驶员也不要慌张，提醒乘客，不要触碰可疑物品，尽快组织乘客远离现场。

如何识别可疑物品是否为爆炸物

驾驶员要掌握常见爆炸品、危险品的种类、特性及处置方法，对乘客携带的行李注意留意观察，如发现可疑，应要求乘客开包进行检查，如果乘客拒不接受检查，驾驶员可以拒绝其乘坐公交车。在不触动可疑物品的前提下，驾驶员可通过以下方法辨识爆炸物品：

一问。对车上无人照看的物品要提高警惕，询问有无事主认领。

二看。由表及里、由远及近、由上到下仔细观察有无可疑爆炸物品，或可疑部位有无暗藏的爆炸装置。

三听。侧耳倾听有无异常声响。

四嗅。自制黑火药以硫黄（硫化氢）为主要成分，有臭鸡蛋味；自制硝铵炸药以硝酸铵为主要成分，有明显的氨水味。

14.侵扰驾驶员，妥善处置

出现乘客出言不逊或辱骂驾驶员时，驾驶员不要与之争辩，应用平和的态度向乘客解释，安抚乘客情绪。如果矛盾激化，出现乘客抢夺转向盘或殴打驾驶员时，驾驶员要控制好行驶方向，可用手反握转向盘，身体前倾，并尽快选择安全地点靠边停车，停车后再用平和的态度向乘客解释，安抚乘客情绪。如果驾驶员即将受到人身伤害或已受到人身伤害，应拨打110报警，并同时向运营单位报告现场情况。

为避免此类事件发生，很多公交企业采取在车厢内明显位置张贴乘客文明乘车标识及安全告知、在车内播放警示宣传片、在驾驶区域安装防护隔离设施等措施。

驾驶区防护隔离设施设置要求

根据《城市公共汽电车车辆专用安全设施技术要求》（JT/T 1240—2019），驾驶区域防护隔离设施安装须符合以下要求：

（1）驾驶区应设置防护隔离设施，其设置不应影响驾驶员安全视线，不应影响乘客及驾驶员的应急撤离。

（2）防护隔离设施的设置不应影响驾驶员的驾驶操作和座椅调节。

（3）防护隔离设施的设置不应影响驾驶员观测右侧前乘客门区域及后视镜、刷卡机、投币机等。

（4）防护隔离设施的设置应有效防止乘客与驾驶员直接肢体接触，防止乘客抢夺转向盘。

（5）防护隔离设施应满足结构强度设计要求。护围门玻璃材料应使用符合 GB 9656 规定的安全玻璃。

（6）发动机后置公共汽电车和新能源公共汽电车的防护隔离设施满足以下要求：

第三章 正确处置紧急事件

①防护隔离设施后围上部空隙高度应不大于 300mm，侧围上沿最低点距乘客区通道地板高度应不小于 1600mm，侧围前端应在驾驶员遇乘客威胁、袭击或抢夺方向盘等事件时起到防护作用；

②防护隔离设施护围门开启方向应向外打开，门轴宜设在驾驶员后侧。护围门内侧应有锁止装置驾驶员突遇身体不适等紧急情况应能从外部打开。

（7）发动机前置公共汽电车应结合车长、发动机布置形式等条件，设置防护隔离设施护围门或护栏。

典型案例

2019年7月16日，银川市一公交车行驶到南门广场时，坐在第一排的一位女乘客猛然抢夺转向盘，驾驶员纳某沉着冷静，按照企业培训规程立即采取应对措施，停车报警，疏散安抚乘客，并及时上报企业。随后，民警将该女子控制带走。

城市公交安全和应急手册（第3版）

第四章 科学实施伤员救护

公交车运行中遇到乘客突发疾病或因事故造成意外伤害时，驾驶员要及时选择安全的地点停车，乘务员和乘客要在力所能及的情况下进行自救和互救，同时拨打120急救电话，请求医疗急救机构支援。

1. 救护谨遵"四原则"

❶ 正确判断伤情

首先对伤员的处境和伤情进行全面检查和判断，比如，是否有重物压在伤员身上，是否有异物插入伤员体内，伤员是否出现昏迷、呼吸中断等症状，伤员是否出血、骨折等。对于意识清醒的伤员，要询问哪里疼痛和不适，初步判断受伤部位，以便选择正确的急救方法。

❷ 科学施救，避免造成二次伤害

施救人员要沉着、仔细，根据伤员的处境和伤情，科学实施救护。从车体中移出伤员时，动作要轻柔，尽可能移开压在伤员身上的物品，不要强行拉拽伤员的肢体；不要随意拔出插入伤员体内的异物；正确搬运伤员，避免因搬运不当加重伤员伤势。

❸ 选择安全的场所实施救护

尽快将伤员救离事故现场，尽量选择广场、空地等开阔区域，在救护车能够接近的安全地方以及夜间有照明的地方实施抢救，不能在弯道、坡道或交叉路口等危险区域实施抢救。尽可能用救护车运送伤员，使伤员平卧，减少运送途中的二次损伤。

弯道

坡道

交叉路口

❹ 先救命，后治伤

在等待专业救护人员赶赴事故现场时，要先抢救昏迷、休克、呼吸中断的重症伤员，再护理需伤口包扎、固定等处理的一般伤员。

2.伤员失血速包扎

❶ 指压止血法

用手指或敷料直接压迫出血部位近心端的动脉，阻断动脉血液流动，以达到快速止血的目的。不同部位动脉出血的指压止血方法及操作要求见表4-1。

不同部位动脉出血的指压止血方法及操作要求　　表4-1

出血部位		压迫方法	操作要求
颞浅动脉		用拇指或食指在伤员耳前正对下颌关节处（耳屏上方1.5厘米处）用力压迫止血	（1）指压动脉压迫点准确； （2）压迫力度适中，以伤口不出血为准； （3）压迫10～15分钟； （4）保持受伤一侧肢体抬高

续上表

出血部位	压迫方法	操作要求
颈总动脉	（1）用拇指或食指在伤员气管外侧、胸锁乳突肌前缘，将伤员颈动脉向后压于第五颈椎上止血；（2）禁止同时压迫两侧的颈动脉	（1）指压动脉压迫点准确；（2）压迫力度适中，以伤口不出血为准；（3）压迫10~15分钟；（4）保持伤处肢体抬高
肱动脉	在伤员上臂中段的内侧摸到肱动脉搏动后，用拇指或其余四指压迫止血	
股动脉	在腹股沟韧带中点偏内侧下方摸到股动脉搏动后，用拇指或掌根向外上压迫止血	
桡、尺动脉	用双手的拇指同时按压腕部掌面两侧的桡、尺两条动脉止血	

❷ 加压包扎止血法

用敷料或者洁净的毛巾、三角巾等覆盖伤口，通过加压包扎压迫出血部位进行止血。操作步骤及要求见表4-2。

第四章 科学实施伤员救护

加压包扎止血的步骤及操作要求　　　表4-2

步骤	操作内容	操作要求
第一步	准备包扎物品	准备纱布、三角巾或绷带等
第二步	清除伤口异物	让伤员卧位，抬高上肢，检查伤口，清洗伤口并清除伤口处的异物
第三步	用纱布垫敷于伤口	用敷料覆盖伤口，敷料要超过伤口至少3厘米
第四步	加压包扎	用手施加压力直接压迫，用三角巾或绷带紧紧包扎出血部位
第五步	检查血液循环情况	包扎后，注意观察肢体末梢血液循环情况，正常应无明显青紫肿胀及感觉麻木等症状

③ 加垫屈肢止血法

对于前臂、上臂或小腿出血,且没有骨折和关节损伤的情况,可以通过加垫屈肢达到止血目的。加垫部位及操作要求见表4-3。

加垫部位及操作要求　　　　表4-3

出血部位	加垫部位	操作要求
上肢前臂	肘窝	(1)准备纱布或毛巾、三角巾或绷带; (2)在肘窝处放置纱布、毛巾或衣物等物; (3)肘关节屈曲,用绷带或三角巾屈肘固定
上肢上臂	腋窝	(1)准备纱布或毛巾、三角巾或绷带; (2)在腋窝处放置纱布、毛巾或衣物等物; (3)将前臂屈曲于胸前,用绷带或三角巾将上臂固定在胸前
下肢小腿	腘窝	(1)准备纱布或毛巾、三角巾或绷带; (2)在腘窝处放置纱布、毛巾或衣物等物; (3)膝关节屈曲,用绷带屈膝固定

④ 绷带包扎法

用绷带包扎伤口,目的是固定盖在伤口上的纱布,固定骨折或挫伤,并有压迫止血的作用,还可以保护患处。不同绷带包扎方法的操作要求见表4-4。

第四章 科学实施伤员救护

不同绷带包扎方法的操作要求　　　　表4-4

包扎方法	图　示	操作要求
环形包扎		（1）准备纱布、绷带、胶带； （2）用消毒敷料覆盖伤口，用左手将绷带固定在敷料上，右手持绷带卷绕肢体紧密缠绕
		（3）将绷带打开一端稍做斜状环绕第一圈，将第一圈斜出一角压入环形圈内，环形绕第二圈； （4）环形缠绕4~5层，每圈盖住前一圈，绷带缠绕范围要超出敷料边缘
		（5）最后用胶布粘贴固定，或将绷带尾从中间纵向剪开形成两个布条，两布条先打一结，然后两布条绕体打结固定
手掌"8"字包扎		（1）准备纱布、绷带； （2）用消毒敷料覆盖伤口
		（3）从手腕部开始包扎，先环形缠绕两圈

城市公交安全和应急手册(第3版)

续上表

包扎方法	图 示	操作要求
手掌"8"字包扎		(4)经手和腕进行"8"字缠绕
		(5)将绷带尾端固定在腕部
螺旋包扎		(1)准备纱布、绷带、胶带; (2)用消毒敷料覆盖伤口
		(3)先环形缠绕两圈
		(4)从第三圈开始,环绕时压住前图1/3或2/3呈螺旋形

第四章 科学实施伤员救护

续上表

包扎方法	图示	操作要求
螺旋包扎		（5）最后用胶布粘贴固定

❺ 三角巾包扎法

不同三角巾包扎方法的操作要求见表4-5。

不同三角巾包扎方法的操作要求　　　表4-5

包扎方法	图示	操作要求
头顶帽式包扎		（1）将三角巾的底边叠成约两横指宽，边缘置于伤员前额齐眉，顶角向后位于脑后； （2）三角巾的两底角经两耳上方拉向头后部交叉并压住顶角，再绕回前额相遇打结； （3）顶角拉近，掖入头后部交叉处内

第一篇

73

续上表

包扎方法	图示	操作要求
肩部包扎		（1）三角巾折叠成燕尾式，燕尾夹角约90度，大片在后压小片，放于肩上； （2）燕尾夹角对准伤侧颈部； （3）燕尾底边两角包绕上肩上部并打结； （4）拉紧两燕尾角，分别经胸、背部至对侧腋下打结
胸部包扎		（1）三角巾折叠成燕尾式，燕尾夹角约100度，置于胸前，夹角对准胸骨上凹； （2）两燕尾角过肩于背后，将燕尾顶角系带，围胸在背后打结； （3）将一燕尾角系带拉紧绕横带后上提，再与另一燕尾角打结； （4）背部包扎时，把燕尾巾调到背部即可
腹部包扎		（1）三角巾底边向上，顶角向下横放在腹部； （2）两底角围绕到腰部打结； （3）顶角由两腿间拉向后面，与两底角连接处打结

3.骨折固定有技巧

骨折固定方法的操作要求见表4-6。

骨折固定方法的操作要求　　　　表4-6

包扎方法	图示	操作要求
肱骨骨折固定方法		（1）将肘关节屈曲90°左右

续上表

包扎方法	图 示	操作要求
肱骨骨折固定方法		（2）置夹板超过肘关节和腕关节，并在骨突出处加垫纱布
		（3）先固定骨折部位上端，再固定骨折部位下端
		（4）检查末梢血液循环情况，正常应无明显青紫肿胀及感觉异常等症状
		（5）用三角巾、毛巾或大悬臂带等悬吊前臂

城市公交安全和应急手册(第3版)

续上表

包扎方法	图示	操作要求
下肢骨折固定方法		(1)轻轻抬起伤肢与健康肢并拢
		(2)放好宽布带,双下肢间加厚垫
		(3)自上而下打结固定
		(4)检查肢体末端血液循环情况,正常应无明显青紫肿胀及感觉异常等症状
		(5)双踝关节"8"字形固定

4.烧伤救护要科学

（1）烫伤的急救方法。

烫伤的症状为：皮肤发红、起泡、感觉疼痛。在现场对烫伤进行处理时应首先考虑尽快降温，可以用流动的干净温水持续冲洗烫伤部位，直到不红、不疼、不起泡为准。

（2）烧伤的急救方法。

内部组织受损的烧伤，可引起呼吸困难、休克、烧伤性疾病等危险，发现有烧伤的伤员时，要采取以下急救措施：

①迅速脱掉烧着的衣服，或采用浇冷水、就地打滚等方式扑灭衣服上的明火。

②用流动的干净温水持续冲洗除脸部之外的烧伤部位，直到不红、不疼、不起泡为准。

③用消过毒的纱布或清洁的被单覆盖除脸部之外的烧伤创面，不可用沙土、粉剂、油剂等敷抹。

④适量饮用淡盐水，防止脱水休克。

⑤若烧伤部位出现水泡，可以用塑料袋或保鲜膜轻轻覆盖在水泡上进行保护。

⑥反复检查呼吸和脉搏，防止休克，并尽快将伤者送往医院。

5.伤员搬运要小心

救助人员要根据伤员伤情的轻重和类型，采取科学、合理的措施搬运伤员，如采用单人搀扶、多人平抬、担架搬运等，避免伤员受到二次伤害。伤员搬运方法的操作要求见表4-7。

城市公交安全和应急手册(第3版)

伤员搬运方法的操作要求　　　　表4-7

搬运方法	图示	操作要求
单人搀扶		搀扶伤员时,救助人员站在伤员的一侧,将其手臂放在自己肩、颈部,并拉住该手的手腕,另一只手扶住伤员的腰部行走。 单人搀扶法适用于转移伤势较轻、在有人帮助下能自己行走的伤员,比如单侧下肢受伤、头部外伤、上肢骨折、胸部骨折、头昏的伤员等
单人抱持		抱持伤员时,救助人员站在伤员的一侧,一手托住伤员的双腿,另一只手紧抱伤员的腰部或肩部,并可让神志清醒的伤员用手钩住自己的颈部。 单人抱持法适用于不能行走的伤员,如头部、胸部、腹部及下肢受重创的伤员
单人背运		背运伤员时,救助人员蹲在伤员前面,与伤员面朝同一方向,微弯背部,将病人背起。如伤员卧于地上不能站立,则救助人员卧于伤员一侧,一手紧握伤员肩部,另一手抱起伤员的腿用力翻身,使其负于自己的背上,慢慢站起来。 背运伤员法不适于胸部、腹部受伤的伤员

第四章　科学实施伤员救护

续上表

搬运方法	图　示	操作要求
单人水平拖移		水平拖移伤员时，救助人员站在伤员背后，两手从其腋下伸到其胸前，先将伤员的双手交叉，再用自己的双手握紧伤员的双手，并将自己的下颌放在其头顶上，使伤员的背部紧靠在自己的胸前慢慢向后退着走。 单人水平拖移法用于不便于直接搀扶、抱持和背运的伤员救护，不论伤员神志清醒与否均可使用
多人平抬		采用多人平抬法时，一人抱伤员的双肩和头部，一人托住伤员的腰臀部，第三人托住伤员的双下肢，使伤员能水平搬运。对于怀疑有颈椎骨折的伤员，宜有一人牵引伤员的头颈部；对有内脏损伤的伤员，宜采用担架、木板等搬运。 对于怀疑有颈椎和脊柱损伤不宜站立行走的伤员，现场没有担架或者将伤员转移到担架上时，可采用多人平抬法
担架搬运		将脊柱骨折的伤员搬移至担架时，由3～4人站在伤员的右侧，分别用手托住伤员的肩、背、腰臀部和双下肢，颈椎骨折的伤员还要有一人专门托住伤员的头部，在统一口令下，协同将伤员搬至硬质担架上，并使伤员头向后，以便于后面抬的人观察其病情变化。为防止伤员头部来回晃动，伤员头部两侧要用沙袋或其他垫子塞住。搬运昏迷或有窒息危险的伤员时，要采用侧卧位。 担架搬运适用于路程长、病情重的伤员，主要有软质担架（如帆布、被服等）和硬质担架两种。脊柱和颈椎骨折的伤员，要采用硬质担架

6.心肺复苏能救命

对心跳、呼吸骤停伤员的有效抢救方法是对伤员进行口对口人工呼吸、胸外心脏按压,操作步骤及要求见表4-8。

心肺复苏的流程

心肺复苏抢救的步骤及操作要求　　　表4-8

步骤	操作内容	操作要求
第一步	判断伤员意识	(1)将伤员放置在硬板或平整的地面上,使其仰卧(即伤员面部向上平躺); (2)救助人员跪在伤员的一侧,轻摇伤员肩膀及在耳边呼唤,必要时指掐人中穴,判断伤员是否丧失意识
第二步	开放伤员气道	(1)用一手的食指和中指抬起伤员下颌,同时用另一只手掌将伤员的前额下按,使其头部后仰,以保持伤员呼吸气道的开放、畅通; (2)清理伤员鼻腔和口腔中的异物
第三步	判断伤员呼吸情况	(1)将一侧脸颊靠近伤员口鼻,聆听呼吸声,同时观察胸腹有无上下起伏,以此判断伤员有无呼吸,时间5秒; (2)若无呼吸,要立即进行口对口人工呼吸

第四章　科学实施伤员救护

续上表

步　骤	操作内容	操作要求
第四步	实施口对口人工呼吸	（1）跪于伤员颈胸部一侧，一手食指和中指托起伤员下颌，另一手掌按住伤员额头，使其头部后仰，同时捏紧伤员鼻翼，包严嘴唇； （2）口对口用力吹气2次，每次持续吹气1秒以上，潮气量500~600毫升、频率10~12次/分钟，同时观察胸部起伏情况； （3）如果吹气后胸部起伏，说明气道通畅；如果无胸部起伏，说明气道不够通畅，需要重新清理口腔和鼻腔异物； （4）在伤员呼吸气道畅通的情况下，对伤员进行人工呼吸，在伤员胸壁扩张后，即停止吹气，让伤员胸壁自行回缩，呼出空气，如此反复进行
第五步	判断伤员脉搏情况	（1）进行2次人工呼吸后，触摸颈动脉（喉结旁2~3厘米）有无搏动，以此判断有无心跳，单侧触摸，时间<10秒； （2）如果颈动脉无搏动，必须同时进行胸外心脏按压
第六步	实施胸外心脏按压	（1）用单手掌根紧贴伤员剑突上2厘米或胸前中线与双乳头连线交叉处，另一只手平行放在其手背上，十指相扣，仅以单手掌根接触伤员胸骨下1/3处； （2）定位准确，双肘伸直，借身体和上臂的力量，垂直向下按压，使伤员胸廓下陷4~5厘米； （3）心脏按压频率为100次/分钟

步骤	操作内容	操作要求
第七步	交替实施人工呼吸和胸外心脏按压	（1）完成30次心脏按压即给予2次快速吹气； （2）连做4~5个循环或进行3~4分钟后，重新检查呼吸和脉搏

7. 危重伤员早抢救

❶ 对头部损伤伤员的抢救

如果伤员受伤不严重，神志清醒，呼吸、脉搏正常，可进行伤部止血，包扎处理后，扶伤员靠墙或树坐下，找一块垫子将头和肩垫好。若伤员受伤严重并出现昏迷，要保持呼吸道通畅，密切注意呼吸和脉搏。

在进行救护转移时，护送人员扶助伤员呈半侧卧状，头部用衣物垫好，略加固定，再进行转移。

❷ 对休克伤员的抢救

受伤者失血过多时会出现休克，其症状表现为：面色苍白、四肢发凉、额部出汗、口吐白沫，显得焦躁不安，脉搏跳动变得越来越快和虚弱，最后脉搏几乎摸不出来。这些症状有时会部分出现，有时会同时出现。休克时间过长，可以使伤员致死，要及时采取以下急救措施：

（1）将伤员安置到安静的环境。
（2）抬起伤员腿部直到处于垂直状态。
（3）采取保暖措施，以防止体热损耗。
（4）反复检查呼吸和脉搏。
（5）迅速呼救，及时送往医院。

❸ 对昏迷不醒伤员的抢救

可能引起昏迷不醒的原因有缺氧、中毒、中暑、暴力刺激大脑等。对昏迷失去知觉的伤员，在抢救时要先检查伤员的呼吸情况，并保持伤员侧卧位，以保证其呼吸畅通，防止窒息并及时送往医院救治。

❹ 对大量失血伤员的抢救

如果伤员失血过多，将会出现生命危险，如出现休克等症状，应立即对伤员采取伤口加压止血和包扎措施。失血过多往往会产生休克，所以流血止住后，要继续采取一些防止休克的措施（具体措施见本书前文"对休克伤员的抢救"）。

8.应急设备灵活用

❶ 车用急救包

车用急救包是用于突发事件发生后自救或互救的应急救护设

备，主要包含应急药品和急救工具。

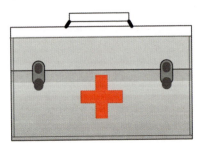

（1）应急药品主要包括：

①急性扭挫伤救护药品。

②风油精、藿香正气水等祛暑药品。

③速效救心丸等急性心脏病救护药品。

（2）急救工具主要包括：

①三角巾、卷状胶带、伸缩性包带、包扎布、急救夹板等包扎工具。

②无纺创可贴、皮肤清洁布、纱布垫、手套等止血工具。

③急救用盖毯、急救手册、口罩、医用剪刀等其他急救工具。

❷ 自动体外除颤器

自动体外除颤器（Automated External Defibrillator，简称AED）又称自动体外电击器、自动电击器、自动除颤器、心脏除颤器等，是一种便携式的医疗设备，主要用于突发心搏骤停人员的早期除颤，是可被非专业人员使用的用于抢救心源性猝死患者的医疗设备。

自动体外除颤器操作方法如下：

（1）开机。按下开关键，找开AED盖子，此时可听到语音提示。

（2）贴片。取出电极片，根据电极片上的提示将电极片贴在患者右胸上部和左胸左乳头外侧。具体位置可以参考AED机壳上的图样和电极板上的图片说明。

（3）连接。双手离开病人的身体，将电极板插头插入AED主机插孔。

（4）除颤。按下"分析"键，AED开始自动分析病人的心率。分析完毕后，AED将会发出是否进行除颤的建议。当有除颤指征时，除颤前及过程中不要与病人接触，同时让附近的其他人远离病人，由操作者按下"放电"键除颤。

（5）心肺复苏。除颤结束后，AED会再次分析心率，如未恢复有效灌注心律，操作者应进行5个周期心肺复苏，然后再次分析心率，如此反复至病人苏醒或急救人员到来。

AED使用注意事项

（1）AED放电瞬间可以达到200焦耳的能量，在给病人施救过程中，按下通电按钮后要立刻远离病人，并告诫身边其他人不得接触、靠近病人。

（2）病人在水中时，不能使用AED进行救治，病人胸部如有汗水需要快速擦干后再使用AED。

（3）如果在使用完AED后，病人没有任何生命特征（呼吸、心跳）需要马上送医院救治。

02

第二篇
乘客乘车指引

第五章 安全乘车

乘客乘坐公交车时，要自觉遵守和维护乘车秩序，做到先下后上，排队上车，坐稳扶好，不争不抢，尊老爱幼，相互礼让，安全有序。

1.排队候车，先下后上

❶ 候车

（1）乘客要在公交站台内依次排队等候，看管好自己的小孩，不要在站台嬉闹。

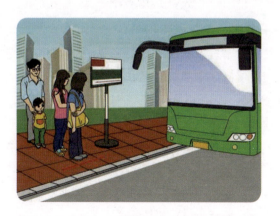

（2）车辆进站时，乘客不要追赶、靠近车辆，不要在道路上截停公交车。

公交车出站莫追赶

2018年4月14日17时许,西宁市83路公交车在西宁宾馆公交港湾关闭车门准备出站,公交车后两名乘客看到后急忙挥手并大喊停车,此时公交车已经起动并开始加速。但两人并未停止追赶公交车,其中一名中年女子边跑边喊,并拍打公交车后方,由于车速较快,该女子被车辆带着向左倒去,幸亏该女子反应迅速恢复了平衡,未造成悲剧发生。

认识公交车的盲区

驾驶员坐在驾驶座椅处时,无法观察到车身周围的状况,公交车右前方、前门与后门之间、后车轮等区域都是驾驶员的视线盲区。如果乘客站在这些盲区内,很容易引发事故。典型的公交车盲区如下:

盲区一:后车轮至车尾

公交车的车尾和后车轮附近存在盲区。一些乘客喜欢站在站台下等车,公交车缓缓进站时,乘客为了更快上车喜欢贴着车追赶,此时驾驶员往往看不到,容易出现危险。

盲区二:前后车门的中间位置

在人多拥挤的站台,公交车进站时,当前车门和后车门之间的位置站立几名身材较高的乘客时,这一区域会因为乘客阻挡出现人为盲区，如果乘客站在车外的该区域，容易出现危险。

盲区三：车身前方1米范围内

驾驶员坐在驾驶座椅时，身高1.2米以下的乘客从车头前头通过时，驾驶员无法观察到。

❷ 上车

（1）待公交车进站停稳后，乘客要遵循"先下后上"的原则依次有序上车，不要拥挤和抢占座位。

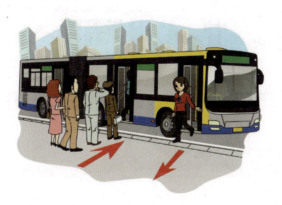

（2）上车后，乘客要及时向车厢内移动，不要堵在车门附近，影响后面乘客上车；不要聚集在前侧车门处，以免妨碍驾驶员观察右侧后视镜。

❸ 下车

（1）准备下车的乘客，携带好随身物品，提前向下客门移动，注意不要离车门太近以免被夹伤，同时抓稳扶手，不要因车辆进站制动而摔倒。待车辆停稳、车门完全打开后再按顺序下车，避免拥挤和踩踏其他乘客。老、弱、病、残、孕等特殊乘客待车辆停稳后再向车门移动，按顺序下车。

（2）走出车门前，乘客要仔细观察周边是否有通行的车辆或非机动车，确认安全后再下车。

（3）下车后，乘客要尽量利用附近的人行横道、地下通道或过街天桥过马路，不要急于从公交车的前面或后面横穿道路。

（4）因故坐过站的乘客，应在下一站下车，不得要求驾驶员中途停车。

2.携带行李，遵规守矩

（1）乘客不得携带国家明令禁止的易燃易爆、放射性等危险物品（见本书前文所述）上车，上车时主动配合驾驶员或乘务员、安全管理员的安全检查。

第五章 安全乘车

 典型案例

携带危险物品乘车危害公共安全

2018年12月16日，北京一男子携带气泵乘坐公交车被拒后，强行挤上车并与车上的安全管理员发生肢体冲突，随后该男子将气泵放到车辆前门并坐在车门台阶处，阻碍其他乘客下车，严重影响车辆正常运营。公交车驾驶员劝阻该男子未果后，打开中门和后门，疏散乘客下车换乘后方车辆，并拨打110报警电话。随后，派出所民警将该男子带离现场。

（2）上下车时，要将背包置于胸前，以免被车门夹住或影响其他乘客。

 典型案例

下车时背包后置易引发事故

2019年3月18日，贵阳市一公交车到达瑞金南路河滨公园公交站后，一老年乘客因行动不便，下车后在靠近车门处站了一会儿。公交车门关闭时，夹住了老人的背包，老人随即被起步前行的公交车夹住带倒并拖行了几米远，事故造成老人昏迷。

（3）上车后，乘客要按照驾驶员或乘务员的要求正确摆放行李，不要阻挡车内通道、应急车门及车窗等安全通道。

乘客携带行李乘坐公交车的相关规定

根据《城市公共交通车船乘坐规则》的规定，携带重量超过15千克、体积超过0.15立方米、占地面积超过0.5平方米、长度超过2米物品的乘客，谢绝乘坐公交车。

乘客携带重量在10～15千克、体积在0.05～0.15立方米、占地面积在0.25～0.5平方米、长度在1.5～2米的行李物品乘车，须购买行李票。

3.扶稳站好，文明乘坐

（1）上车后，就近选择座位坐稳。没有座位时，选择有扶手的位置侧向站立（不要站在车门边）；双脚自然分开，双手握紧扶手或把手，以免紧急制动、急转向时摔倒。

无座乘客注意扶稳站好

1. 四个支点最稳当

乘坐公交车时,我们的两只脚是两个支点。但仅有这两个点不够稳当,最好用一只手抓紧安全扶手,三个点就稳当多了。如果有条件,另一只手也抓紧扶手,形成四个支点,我们磕碰、摔倒的概率就会降低很多。

2. 车门立柱不能抓握

内摆式车门内侧的两根立柱是车门的支架,不能抓握,否则在车门开启时,乘客的手臂有被夹伤的危险。

(2)靠窗乘客,不要将头、手伸出窗外。靠近车门的乘客,注意与车门保持安全距离,不要依靠车门,以免车门突然打开时跌落、撞伤或夹伤。

（3）不要在公交车内吃东西，特别是用竹签等尖锐物件包装、固定的食物。

车内饮食隐患多

乘客在乘坐公交车时吃东西会给其他乘客带来不少困扰。比如，有些食品带尖锐物件，车辆紧急制动、急转弯时，容易戳伤乘客；有些食品的气味浓烈，造成车内空气污浊；有些食品含有汤汁，车辆行驶过程中容易溅到其他乘客身上。还有一些乘客在吃完东西后，直接把垃圾扔在车内或者扔出窗外，这些不文明行为不仅污染了环境，还会给其他人带来伤害或影响其他乘客的心情，甚至影响整个城市的文明形象。

（4）不在公交车内乱扔垃圾，随意吐痰，注意保护车内清洁卫生。

（5）遇到老、弱、病、残、孕及儿童等特殊人群，主动让座。

（6）不与驾驶员闲谈，不强迫驾驶员违规在站外停车，不抢夺转向盘、辱骂甚至殴打驾驶员。

最高人民法院　最高人民检察院　公安部
《关于依法惩治妨害公共交通工具安全驾驶违法犯罪行为的指导意见》

（一）乘客在公共交通工具行驶过程中，抢夺方向盘、变速杆等操纵装置，殴打、拉拽驾驶人员，或者有其他妨害安全驾驶行为，危害公共安全，尚未造成严重后果的，依照刑法第一百一十四条的规定，以危险方法危害公共安全罪定罪处罚；致人重伤、死亡或者使公私财产遭受重大损失的，依照刑法第一百一十五条第一款的规定，以危险方法危害公共安全罪定罪处罚。

实施前款规定的行为，具有以下情形之一的，从重处罚：

1.在夜间行驶或者恶劣天气条件下行驶的公共交通工具上实施的；

2.在临水、临崖、急弯、陡坡、高速公路、高架道路、桥隧路段及其他易发生危险的路段实施的；

3.在人员、车辆密集路段实施的；

4.在实际载客10人以上或者时速60公里以上的公共交通工具上实施的；

5.经他人劝告、阻拦后仍然继续实施的；

6.持械袭击驾驶人员的；

7.其他严重妨害安全驾驶的行为。

实施上述行为，即使尚未造成严重后果，一般也不得适用缓刑。

（二）乘客在公共交通工具行驶过程中，随意殴打其他乘客，追逐、辱骂他人，或者起哄闹事，妨害公共交通工具运营秩序，符合刑法第二百九十三条规定的，以寻衅滋事罪定罪处罚；妨害公共交通工具安全行驶，危害公共安全的，依照刑法第一百一十四条、第一百一十五条第一款的规定，以危险方法危害公共安全罪定罪处罚。

（7）乘客间要相互理解，与人方便，站在通道上的乘客应主动给准备下车的乘客让行。

4. 特殊乘客，特别关注

1 老年人乘车

为了方便老年人出行，很多地方政府都出台了老年人乘坐公共交通的优惠政策。老年人乘车要注意以下安全事项：

（1）尽可能避开高峰时段出行，必须出行时，尽量选择熟悉的公交线路，避开人多拥挤的车站。

（2）出行前，自备一些常用的急救药品，将零钱、乘车卡、有效证件、放置在贴身衣物的外侧，乘车时最好有人陪同。

（3）在高温、寒冷、大风、大雨等天气情况下，尽量不要出行乘车，以免引发疾病或摔伤。

（4）上车前应查看站牌，确定自己要乘坐的线路或询问乘务员或者驾驶员该车是否是自己要乘坐的线路和去往的方向，行车中对站名或目的地不清楚时，可向乘务员或驾驶员寻求帮助，以免错过站或下错站。

（5）上车时不要拥挤、抢上，以免被推倒或挤伤。上车后尽快找座位坐下，如没有找到座位，及时请乘务员或驾驶员帮助。车辆行驶过程中切勿更换座位、随意走动，以防发生磕碰或摔伤。

（6）准备下车时，待车辆靠站停稳后再离开座位，抓牢扶手，看清脚下的台阶，确认安全后再下车。

❷ 带儿童乘车

带儿童乘车要注意以下安全事项：

（1）儿童手持冰糖葫芦、冰棍或烤肉等物品上车后，看护人要注意监督，放置好尖锐物品，禁止行车时食用。

（2）车辆运行过程中，看护人要监督儿童坐稳、扶好，并及时提醒儿童不要将头、手伸出窗外，或相互打闹嬉戏。

❸ 孕妇乘车

孕妇由于身体不便，乘坐公交车时，上下车动作缓慢，不能长时间站立，身体容易失去平衡。孕妇乘车要注意以下事项：

（1）尽量避免在交通高峰期乘坐公交车。

（2）上下车时，不要和他人争抢，并注意脚下的台阶。

（3）上车后尽快入座，如没有找到座位，及时向驾驶员或乘务员寻求帮助。

❹ 残疾人士乘车

残疾人士由于身体原因，行动不方便，乘坐公交车时要掌握以下安全常识：

（1）尽量由家人、朋友陪同选择乘坐配备无障碍设施（如带有无障碍标志）的公交车。

（2）无障碍公交车下客门设有可伸缩的导板，驾驶员控制导板升降时，残疾人士要注意保持安全距离。

（3）残疾人士上车后尽快入座，如没有找到座位，及时向乘务员或驾驶员寻求帮助。无障碍公交车设置了专门的轮椅区，使用轮椅的乘客上车后，要正确固定轮椅，行车中抓稳扶手。

安全乘车须知

乘坐公交车时，乘客应当遵守下列规定：

（1）遵守社会公德，讲究文明卫生。

（2）服从乘运人员管理，维护公共交通秩序。

（3）按照规定购票、投币、刷卡或者主动出示乘车票证。

（4）不使用过期、伪造或者他人专用的乘车票证。

（5）在候车区域内等候公交客车，按顺序上下车。

（6）不得携带家畜和猫、狗（盲人携带导盲犬除外）等动物以及易污损、有严重异味、无包装易碎、尖锐物品乘车。

（7）不得携带枪支弹药、管制器具以及具有易爆性、易燃性、放射性、毒害性、腐蚀性等影响公共安全的物品。

（8）不得携带超大、超重、超长或可能污损车辆及乘客的物品。

（9）不得在车厢内抽烟、饮酒。

（10）不得有影响车辆通行、乘客安全和乘车秩序的其他行为。

冷静应对突发事件

1. 自然灾害，合理避险

❶ 地震

发生地震时，乘客在车辆没有停稳之前，要抓稳扶好，尽可能降低重心，以免摔倒或磕伤。待车辆停稳后，听从驾驶员和乘务员的指挥，迅速、有序下车，寻找附近开阔的地方，注意避开高大建筑物、烟囱、架空管道、高压线、变电器、桥梁、山坡陡崖、危岩滚石、河岸等危险地带。

❷ 泥石流

发生泥石流灾害时，乘客要听从驾驶员和乘务员的指挥，不要因顾及行李物品而浪费宝贵的逃生时间。要选择最短、最安全的路径，有秩序地下车向沟谷两侧山坡或高地（与泥石流成垂直方向的山坡）跑，切忌顺着泥石流前进方向奔跑，不要上树或在陡峻山体下躲避。泥石流过后，不要急于返回危险区域，防止灾害再次发生。

❸ 台风

台风天气在公交站台候车时，乘客要防范广告牌等高处悬挂物发生坠落的危险。由于大风作用，公交车辆行驶稳定性变差，乘客要坐（站）稳、扶好，避免发生磕碰。

❹ 洪涝

发生洪涝灾害时，要尽量避免外出，必须外出时要尽量绕过积水严重的地段。同时注意驾驶员的绕道提醒，选择离目的地最近的停靠站下车。

乘公交车出行，若遇车辆开始涌入积水后，乘客要保持冷静，听从驾驶员和乘务员的指挥，靠近车窗的乘客要尽快打开或砸开车窗玻璃，打开安全顶窗，有序逃生。

在积水中行走时要注意观察漩涡区，防止跌入井、坑、洞中，不要在立交桥下、涵洞等低洼容易积水的路段行走。

⑤ 冰雹

发生冰雹灾害时，要听从驾驶员和乘务员的指挥，关紧车窗，如果公交车临时停驶，乘客不要强行下车以免被冰雹砸伤，耐心等待冰雹停止后，继续乘车前行。

2.交通事故，正确防护

当发生交通事故时，有座位的乘客要紧紧抓住前排座位或扶杆、把手，低下头，利用前排座椅靠背或两个手臂保护头部、面部。同时两腿微弯，用力向前蹬地，保持缓冲姿势。即使身体受撞击，只要双手用力向前推，使撞击力消耗在手腕和腿弯之间，便可有效缓解身体前冲的速度，从而减轻受伤害的程度。如果意外发生得十分突然，来不及做缓冲动作时，应迅速抱紧头部并蜷缩身体，以减少头部、胸部受到的冲击。

没有座位的乘客要紧紧抓住扶手或旁边座椅，能蹲下的尽量蹲

下，蜷缩身体，保护头部，使身体尽可能固定在原地，防止由于惯性而摔倒、磕碰。

3.车辆着火，科学逃生

在火灾发生时要采用适宜的自救、逃生方法，主要措施有：

（1）保持冷静、迅速撤离。公交车起火，通常火势发展迅猛，要立即使用应急开关、安全锤等打开车门、车窗，就近迅速、有序撤离，切忌慌乱拥挤，造成踩踏伤害。如果火势小但已封住车门，可用衣物蒙住头部，迅速从车门处下车。

（2）遮掩口鼻。公交车起火，烟雾中有大量一氧化碳和其他有害气体，吸入后容易造成窒息而死亡。资料显示，火灾中被浓烟熏呛致死人数是烧死人数的4~5倍。用毛巾或衣物遮掩口鼻，不但可以减少人体对烟气的吸入还可以过滤微碳粒，有效防止窒息。

（3）短暂屏气。公交车起火，由于空间狭小密闭，浓烟中一氧化碳的浓度很高。在一氧化碳浓度达到1.3%的空气中，人们呼吸2~3次就会失去知觉，呼吸1~3分钟就会死亡。所以，在冲出火灾现场的瞬间，屏气非常重要。

（4）切忌喊叫。公交车起火后，火焰将沿烟气的流动蔓延，烟雾和火焰会随着人的喊叫被吸入呼吸道，从而导致严重的呼吸道和肺脏损伤。因此，火灾现场不要大喊大叫，要保持沉着冷静。

（5）俯身行进。公交车起火，因火势顺空气上升，在贴近地面的空气层中，烟尘往往比较少。俯身低姿行走，可以较好地规避烟尘和火焰的直接灼伤。

（6）燃着衣物时切勿奔跑。公交车起火，发现衣服着火时切勿狂奔乱跑。奔跑将加速空气的流通，氧气助燃愈烧愈烈；另外还可能播散火种，引发新的火灾。此时，应当脱去燃烧的衣帽或请他人协助用厚重的衣物压灭火苗，如来不及可就地翻滚压灭身上的火焰。切忌用灭火器向着火的人身上喷射。

4. 车辆故障，主动防护

如遇公交车爆胎或制动失灵，乘客不要惊慌，要服从驾驶员和乘务员的指挥，同时做好预防意外碰撞的准备。

有座位的乘客双手紧紧抓住前排座位或扶杆、把手，低下头，利用前排座椅靠背或两个手臂保护头部和面部。

无座位的乘客双手紧紧抓住扶手或旁边座椅，能蹲下的尽量蹲下，蜷缩身体，保护头部，使身体尽可能固定在原地，防止由于惯性而摔倒和磕碰。

5. 驾乘发病，积极配合

乘客之间应互相关照，如遇身边乘客突发急症，要及时告知驾驶员。如患者需要紧急送往医院抢救，其他乘客应予以谅解，并提供力所能及的帮助。

在乘车过程中有乘客受伤时，其他乘客要保持冷静，为受伤乘客提供适当帮助，协助驾驶员维持好车内秩序，听从驾驶员指挥。

遇驾驶员发病时，乘客要协助驾驶员组织好乘客疏散，有经验的乘客可以给予驾驶员必要的帮助，必要时拨打120急救电话，请求专业救护。

带病出行须谨慎

乘客自身患有某些疾病，体质虚弱的，若长时间在人员密度大、空气流通较差、颠簸劳顿的公交车厢内，容易造成身体不适，甚至晕厥。特别是患有上呼吸道感染等具有传染性疾病的患者，身体免疫力低下，要避免乘坐公交车出行（尤其在高峰期），以免造成交叉感染。

6. 侵扰驾驶，及时制止

乘车时，遇其他乘客侵扰驾驶员时，应及时进行劝阻或制止，保障驾驶员安全驾驶。

> **知识链接**
>
> 最高人民法院 最高人民检察院 公安部
> 《关于依法惩治妨害公共交通工具安全驾驶
> 违法犯罪行为的指导意见》
>
> 《关于依法惩治妨害公共交通工具安全驾驶违法犯罪行为的指导意见》规定：
>
> 对正在进行的妨害安全驾驶的违法犯罪行为，乘客等人员有权采取措施予以制止。制止行为造成违法犯罪行为人损害，符合法定条件的，应当认定为正当防卫。

7. 治安事件，巧妙应对

① 遇抢劫

当被抢劫时，乘客要根据具体情况迅速决定，是顽强对抗、勇斗歹徒，还是破财免灾、化险为夷。

> **温馨提示**
>
> **乘客如何防范抢劫？**
>
> 乘客乘坐公交车时要尽量避免携带大量现金和贵重物品，必须携带时，尽量不要外露，以免成为不法分子关注的目标。
>
> 劫匪通常在夜间选择郊外、城乡接合部等人烟稀少的地方实施抢劫，而且往往是团伙作案，乘客要尽可能减少夜间单独出行。夜间车上人员较少时，乘客不要单独靠后排就座，要有意识地选择在驾驶员旁边就座，并看管好自己的财物。

当生命受到威胁时,乘客可按劫匪的要求交出部分财物,保持镇定,不要激怒劫匪,使劫匪放松警惕。选择适当时机,在确保自身安全的情况下逃脱。

其他乘客要尽可能隐藏、保留自己的通信工具,并调成静音,用短信方式向警察求助。在确保安全的情况下,自卫反击,协同擒拿劫匪。

乘客遭遇劫持或枪击事件时怎么办

公交车被施暴分子劫持后,乘客首先要保持冷静,不要反抗、对视或对话;尽可能保留和隐藏自己的通信工具,并调为静音,适时用短信等方式报警;注意观察施暴分子人数、头领,便于事后提供证言;在警方发起突击的瞬间,尽可能趴在地上,在警方掩护下脱离现场。

公交车遭遇枪击后,乘客首先要迅速低头隐蔽于座椅下,或蹲下、趴下,不要站立;及时报警,在情况不明时不要盲目下车,待确定枪击方向后,下车沿着枪击相反方向,利用车体做掩护快速撤离;到达安全区域后,发现有乘客受伤,及时进行自救互救;积极向警方提供现场信息,协助警方控制局面。

❷ 遇偷窃

乘客听到乘务员提醒时,要理解乘务员的"话中话",立即移动位置,尽量避免他人紧紧贴靠;及时检查随身物品,如果钱物已经丢失,不要慌乱,首先要回想自己是否忘记钱物放置地点,确定丢失以后,立即通知驾驶员不要开门,及时报警,切莫引发其他冲突。

如果发现身边有小偷正在偷取其他乘客的财物,可以两眼正视小偷或巧妙提醒被偷乘客,不要与小偷发生正面冲突,避免受到更大的伤害。

乘车防盗口诀

汽车进站莫拥挤,先下后上有秩序;
钱不外露贴身藏,钱包皮夹内兜装;
背包改作胸前挂,提包挎包怀里放;
小偷行窃有迹象,眼神动作不寻常;
提醒乘客多注意,我自从容贼自慌。

❸ 公交爆炸

如果有人宣称公交车上有爆炸品,乘客不要慌乱,要听从驾驶员和乘务员的指挥,迅速撤离公交车。

当发生局部爆炸时,乘客要马上卧倒,迅速有序撤离,千万不要因顾及行李物品而浪费宝贵的逃生时间。

8. 重大疫情，减少出行

发生重大疫情期间应尽量减少出行，必须外出乘车时，首先要做好个人防护措施，同时要遵守卫生防疫部门和城市公交企业的要求，配合驾驶员和乘务员的工作。发现疑似传染病患病人员时，要立即告知驾驶员或乘务员，请他们采取措施进行处理，车上所有乘客要积极配合驾驶员的应急处置工作。

疫情暴发期间的预防

在火车站、医院、公交车等人员流动性较大的场所，口罩已成为一种能够为公众所接受和认可的自我防范工具。在疫情比较严重的时期，乘客要自备口罩，积极预防。

乘客要适当了解传染病预防常识，提高对传染病的防护能力。如遇到别人咳嗽、打喷嚏时尽量远离，用衣物遮挡面部；为了避免接触性传染，在乘坐公交车时双手不要与面部的眼、耳、口、鼻等器官直接接触，乘客在下车后要及时彻底清洗双手。